장난감 수집가의 음울한 삶

이스안 지음

장난감의 늪에서 허우적대며
　　　　　　괴로워하고 또 행복해하는
　　어느 장난감 수집가의 일기장

토이필북스

목차

나는 언제부터, 왜 장난감을 모으기 시작했나......14
인형을 모으는 이유......18
부직포 앵무새......20
코피......22
문방구 마니아......24
첫 번째 대형미미......26
두 번째 대형미미......28
세 번째 대형미미(?)......30
단백질 인형......34
장난감만 모으면 다행이지......36
장난감 구입처......38
좋아하는 영화마저......40
악마같은 언니......42
장난감 창고용 시골집......44
내 나이만한 인형들......48
사촌동생들......50
인형 침대......52
빨대......54
유럽여행......56
일본여행......58
되물려받다......60
뽑기......62
캡슐 장난감......64

수학 100점 66
망상 67
작은외숙모의 선물 68
엄마의 폭발 70
크리스마스 트리 72
유부남 75
구체관절인형 76
돌하우스 줍기 80
슬라임 84
도둑질 86
조각조각 88
건강하길 90
고양이 마니아 92
버린 인형 94
버려진 인형 96
새빨간 앵두 입술을 가진 아이 98
생일 케이크 100
돌발 자문자답 1 102
지구마을, 그들은 어디로 103
털복숭이 인형 커플 104
택배 기사님께 105
뜻밖의 선물 106
크리스마스 선물 108

풍선……………………………………………………………109
결혼까지 생각했어………………………………………110
이구아나……………………………………………………112
돌발 자문자답 2…………………………………………114
요술봉………………………………………………………115
완구거리……………………………………………………118
쿠비…………………………………………………………120
기념품 인형………………………………………………122
내가 만든 인형……………………………………………124
화형식………………………………………………………126
인형놀이……………………………………………………130
엄마의 착오………………………………………………132
장난감 박물관……………………………………………134
통곡…………………………………………………………136
마대자루……………………………………………………140
맥도날드의 노예…………………………………………141
외박의 대가………………………………………………144
돌발 자문자답 3…………………………………………147
혼자 잠들기 무서운 밤…………………………………148
발굴놀이……………………………………………………150
야광별………………………………………………………152
내가 죽는다면……………………………………………154
에필로그……………………………………………………156

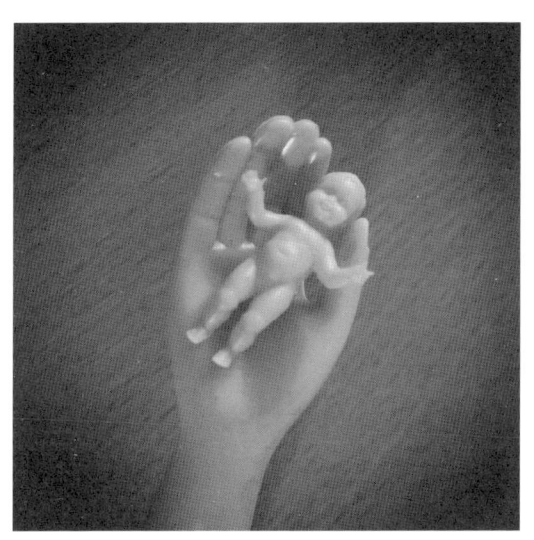

나는 언제부터, 왜 장난감을 모으기 시작했나

어릴 땐 누구나 그렇듯 장난감을 가지고 놀며 애착을 갖는다. 거실 한쪽에는 커다란 장난감 박스가 있고, 놀 시간이 되면 그 박스에서 장난감을 하나하나씩 꺼내 열심히 가지고 논다. 화끈한 아이는 그 박스를 거꾸로 엎어서 한번에 와락 꺼내기도 한다. 그리고 혼자서도 열심히, 시끄럽게 잘 논다. 여자아이들은 주로 마론인형이나 솜인형을 손에 쥐고 열심히 움직이며 인형에 감정을 이입하여 "안녕? 너는 이름이 뭐야?" "내 이름은 미미야. 내 드레스 예쁘지?" 하고 연극을 하며 논다. 남자아이들은 주로 공룡이나 자동차를 손에 쥐고 서로 부딪히게 하거나 "푸슝! 두두두두" "잡았다! 으하하" 하고 외치며 과격하게 논다. 모든 아이들이 다 이와 같은 것은 아니지만 어릴 적의 나와 친오빠, 그리고 내 주변의 아이들은 대부분 그랬다.

나는 어릴 적에 '미미'나 '쥬쥬'와 같은 마론인형을 가장 좋아했다. 아니, 지금도 나는 마론인형을 가장 좋아하며 가장 열심히 수집하고 있다. 어릴 때부터 유독 마론인형에 대한 수집 욕구가 강했으므로 백화점이나 마트에 갈 때마다 엄마를 진땀 빼게 했다. 인형 진열대 앞 바닥에 드러눕고 떼를 쓰지는 않았으나 내가 원하는 인형을 엄마가 사주지 않으면 집에 돌아가는 내내 새빨간 얼굴을 하고 입을 꾹 다문 채로 눈물을 또륵또륵 흘렸다. 내가 기억하는 엄마의 말 중 "이거 다 집에 있는데 왜 또 사려고"라는 말을 가장 많이 들은 것 같다. 나는 인형의 생김새가 모두 얼추 비슷하게 생겼어도 인형의 눈동자 색, 머리카락 색, 입은 옷, 상자의 디자인이 다르면 각각 개별적인 인형이라고 여긴다. 그래서 나는 가게 진열대에 있는 인형을 모두 하나씩 다 소유하고 싶었다. 아무튼 우리 부모님은 그래도 나에게 인형을 종종 사주신 편이었다. 그중 3분의 2는 아마도 내가 떼를 써서 얻어낸 것이겠지만.

일반적으로 장난감은 초등학교에 입학하고 졸업하는 사이에 아이들의 손에서 점점 멀어진다. 그때부터 서서히 다니는 학원의 개수가 늘어나고 중학교 입학 준비를 해야 하기 때문이다. 그리고 무엇보다 아이가 '이제 나는 장난감을 갖고 노는 아기가 아니야'라는 생각을 스스로 정립해나가며 성장해 나가는 것이 장난감과 멀어지는 가장 큰 이유가 아닐까 싶다.

내가 초등학교 저학년 때까지만 해도 그렇게 장난감에 집착하지는 않았다. 그때까지는 가지고 놀던 인형을 사촌동생들에게 물려주기도 했다. 그때는 문구류와 만화책을 수집하는 데 더욱 열중했던 것 같다. 그런데 나는 다른 아이들과 반대로 초등학교 4학년 때부터 마론인형에 대한 본격적인 수집욕구가 불타오르기 시작했다. 그때부터 용돈만 생기면 바로 동네에 있는 문구점이나 큰 마트로 달려가 마론인형을 사곤 했으며, 생일 선물이나 크리스마스 선물, 그리고 학교 시험에서 좋은 점수를 받았을 때나 반장이 되었을 때에도 항상 선물로 부모님에게 마론인형을 요구했다. 그렇게 인형은 점점 늘어났고, 초등학교 6학년 때에는 수집한 마론인형의 개수가 100개에 달성했다. 그리고 현재는 마론인형만 해도 1000여 개가 훨씬 넘는 개수를 모았다. 이외에도 세계 전통인형이나 피규어, 해피밀 장난감 등 다양한 장난감도 모으고 있다. 장난감이라면 종류를 가리지 않고 다 모으는 '잡덕'이기도 하다. 그래서 여태까지 장난감에만 쏟은 금액을 다 합치면 중형차나 깊은 시골 구석에 있는 집 한 채는 거뜬히 샀을지도 모르겠다. 이렇게 생각하면 기분이 좋지 않고 오히려 우울해진다. 나는 대체 왜 뭣하러 장난감 같은 걸 모으고 있을까, 장난감 따위를 애초부터 모으지 않았다면 좋지 않았을까 하고 말이다. 스스로에게 물어보고 싶다. 대체 왜 그토록 장난감에 미쳐 있니?

사실 이 책의 제목은 틀렸다. 이제와서 제목을 살짝 고쳐보자면, 『장난감 수집가의 행복하거나 음울하기도 한 삶』이 맞는 듯 하다. 그러나 이 제목은 또 너무 길다. 그렇다고 『장난감 수집가의 행복한 삶』은 조금 진부하다. 결국 제목에서 '음울'에 초점을 맞춘 의도는 장난감에 관한 나의 슬프고 음울한 기억들을 강조하여 장난감 수집에 대한 나의 고민과 딜레마를 표현해 보고 싶었기 때문이다.

이 글은 장난감에 대한 나의 기쁘고도, 음울하고도, 소소하고도, 황당한 기억들의 버무리다. 누군가의 일기장에 적힌 사적인 글처럼 개인적인 추억, 경험, 그리고 철딱서니없는 생각들이 대부분이지만 부디 이 책을 읽는 독자들도 자신의 아련한 어린시절과 그 시절 곁에 있었던 옛 장난감 친구를 떠올릴 수 있기를 바라는 마음에 이 글을 썼다. 어린 시절은 현재의 나를 형성하는 기틀 같은 것이므로 그 시절의 기억들을 잊지 않고 마음 한구석에 고이 간직한 채로 살아갔으면 한다. 나도, 당신도.

장난감을 수집하는 삶이 더 행복할까,
수집하지 않는 삶이 더 행복할까?
아득한 유년시절의 기억을 더듬어
집착의 근원과 스스로에게 묻는 질문에 대한 답을 찾아보려 한다.

인형을 모으는 이유

내가 인형을 사모으고 보관하는 이유는 인형마다 내 추억과 기억, 그리고 시간의 흔적이 어려 있기 때문이다.
탄생 기념으로 아빠에게 선물받은 인생 첫 인형,
산타할아버지가 크리스마스 선물로 주신 인형,
친구 아무개에게 생일 선물로 받은 인형,
나를 좋아했던 같은 반 남자아이가 누나로부터 훔쳐 와 건네 준 인형,
어린 사촌동생에게 주었다가 세월이 지난 후 되돌려받은 인형,
외삼촌들에게 선물 받은 인형,
막내 외숙모와 처음으로 만났을 때 선물 받은 인형,
해외여행에서 기념품으로 산 인형,
세뱃돈을 받자마자 문방구로 달려가 엄마 몰래 산 인형,
수학 시험을 잘 보고 온 나에게 엄마가 축하 선물로 사주신 인형,
수능 100일을 앞두고 힘내라고 엄마가 사주신 인형,
내 스스로 돈을 벌어 첫 월급으로 산 인형,
울적해진 스스로를 달래기 위해 산 인형…
모아둔 인형과 장난감을 다시 꺼내 어루만지다 보면 그때 그 시절로 돌아간 듯한 아련한 기분이 든다. 그때로 다시 되돌아갈 수는 없지만 다시 그 순간을 떠올릴 수 있게 하는, 추억의 연결고리들.

부직포 앵무새

　　일곱 살 때쯤이었던 것 같다. 엄마에게 크게 혼이 났다. 정확히 내가 뭘 잘못했는지는 잘 기억이 나지 않는다. 그러다 피아노 학원에 가야 할 시간이 되어 다녀오겠습니다 하는 인사도 않고 서먹한 얼굴로 현관문을 나섰다. 나름대로의 소심한 반항이었다. 그 찰나, 내 손에 500원짜리 동전이 쥐어졌다. 아마도 맛있는 거 사먹고 기분 풀라는 엄마의 의도였을 것이다. 그 동전 한 닢을 받은 나는 그제야 울음이 크게 터졌다. 아파트 복도 전체가 쩌렁쩌렁하게 울릴 정도로 통곡했다. 엄마는 울지 말고 빨리 학원에 가라며 내 등을 떠밀었다. 나는 내내 울면서 피아노 학원으로 걸어갔다. 학원과 가까워질수록 울음소리는 점차 옅어졌다.

　　학원에 들어가기 전, 그 동전으로 1층에 있는 문구점 앞에서 500원짜리 뽑기 기계를 돌렸다. 그 때쯤 내 눈가는 거의 말라 있었다. 바퀴를 돌리자마자 데구르르 굴러나온 뽑기통 안에서는 내 손바닥보다 조금 작은 크기에 알록달록한 색의 부직포로 엉성하게 만들어진 앵무새가 들어있었다. 뭐야 이건, 싶었으나 곧이어 그 앵무새가 왠지 측은하게 느껴졌다. 그것은 말라붙은 눈물 자국이 나 있는 초라한 내 모습 같기도 하고 엄마의 엉성한 위로 같기도 했다. 별 것 아닌 그 앵무새를 왠지 소중히 다루고 싶어졌다.

그리고 그 앵무새는 피아노 학원에서 조금 가지고 놀다가 잃어버렸다. 그리고 나는 아무 일 없었다는 듯 해맑은 얼굴로 집으로 돌아왔다.

코피

나는 살면서 코피를 단 두 번 흘려보았다.

한 번은 고3때 수능을 마친 직후 미술 실기 시험을 준비하던 시절이었다. 조소학원에서 아침부터 밤까지 휴일도 없이 찰흙으로 두상만 질리도록 만들던 '대가리 만드는 기계'가 된 나는 그 생활이 너무나도 힘들어 몸도 마음도 한계에 다다른 상황이었다. 결국 어느날 아침, 내 몸은 콧구멍을 통해 미지근하고 시뻘건 액체를 흘려보내며 휴식을 취하지 않으면 안된다는 붉은 경고음을 울렸다. 하지만 억울하게도 그렇게 열심히 고생하고 노력해도 현역으로 대학을 가지는 못했다.

또 한 번은 여섯, 아니면 일곱 살 쯤이었을 것이다. 나는 내복을 입은 채 거실에서 혼자 열심히 인형놀이를 했다. 오전부터 그렇게 놀았던 걸 보면 유치원에 가지 않는 휴일이었던 것 같다. 나는 인형놀이에 온 집중력을 세우고 바닥에 널브러진 인형들을 순서대로 돌아가며 가지고 놀았다. 그날따라 인형놀이가 미칠 듯 즐거웠다. 그렇게 인형놀이에 몰두하던 도중, 갑자기 내복의 배 부분이 새빨갛게 물드는 것이 눈에 들어왔다. 그리고 코에서 뜨거운 물이 수도꼭지를 튼 것처럼 콸콸 흘러나오며 삽시간에 내복 전체가 빨갛게 물들었다. 나는 당황해서 옆방에 있던 엄마를 찾았다. 그 이후에는 그 내복을 버렸다는 기억만 남아 있다. 굳이 병원에도 가지 않았고.

코피는 건강 상태에 있어 경고를 알리기 위해 몸에서 밖으로 내보내는 위험 신호다. 어린 나는 건강한 아이였고 그 전에도 그 이후에도 크게 아픈 적이 없었다. 그런데 코피가 그렇게 뚜렷한 이유없이 갑자기 쏟아진 것이 지금도 의아하다. 그렇다면 그 코피의 의미는 대체 무엇이었을까. 인형놀이에 너무 심취해 있지 말라는 것…? 앞으로도 장난감이 내 인생의 대부분을 차지할 것이고 내 인생과 뗄레야 뗄 수 없는 질긴 관계가 될 것이라는 예언? 혹은, 장난감이 내 인생을 매우 고되게 할 것이니 앞으로 조심하라는 경고였을까?

지난 과거의 코피에 괜히 이런저런 의미를 부여해 봤자지만….

문방구 마니아

어릴 적부터 항상 나는 문방구를 밥 먹듯 갔다. 아기자기하고, 알록달록하고, 소소하게 즐거운 물건들이 가득한 문방구가 정말 좋았기 때문이다. 뿡뿡 하는 방구가 연상되기도 하지만 그래도 문구점보다는 문방구라는 단어가 더 친숙하다. 방구방구 문방구! 아무튼 그래서 돈만 생기면 바로 문방구로 달려가 엄마 몰래 잡다한 것들을 사곤 했다. 열쇠고리, 스티커, 만화영화 카드, 인화사진, 볼펜, 색종이, 저금통, 메모지, 노트, 색칠공부, 엽서, 지우개, 불량식품, 액체괴물 같은 물렁물렁한 것… 그래서 나는 동네의 여러 문방구 아줌마 아저씨들과 꽤 친했다. 가끔 특별히 덤도 받고 그랬다. 초등학교 2학년 때에는 처음으로 받은 한 달 치 용돈 만원을 당일날 문방구에서 전부 탕진해버린 적도 있다.

그리고 문방구를 좋아하는 건 중학생이 되어도, 고등학생이 되어도, 대학생이 되어도, 사회인이 되어도 변함이 없다. 지금도 나는 가끔 대형 문구점이나 동네 여기저기의 문방구에 가서 잡다한 것들을 마구 산다. 열쇠고리, 스티커, 아이돌 카드, 인화사진, 볼펜, 미니어처 장난감, 지우개, 불량식품, 슬라임…

낯선 동네에서 미술학원 알바를 하게 된 스물다섯 살 때, 학원으로 가던 길에 발견한 어느 초등학교 앞 문방구로 들어갔다. 그 안에는 초등학생들이 땡전 몇 푼으로 살 수 있을 만한 잡다한 문구류나 저렴한 군것질거리, 그리고 학교 수업 준비물 등이 가득했다. 그리고 나는 열심히 잡다한 문구류와 군것질거리를 골랐다.
"선생님이세요? 아이들 주게요?"
잡다한 것들을 모아 들고 계산대에 선 나에게 문방구 아줌마가 물었다.
"아니요. 이거 다 제 거에요."
그렇게 대답하자 아줌마는 조금은 의아하다는 듯이 나를 바라본 다음 내가 고른 것들을 까만 비닐봉투 안에 담아주었다. 그리고 그 다음부터는 그 문방구에 갈 때마다 아줌마가 나를 여느 동네 아이들처럼 친근하게 대해 주었다. 반말을 써 주면서 말이다. 성인인데도 반말을 듣는것이 기분이 언짢은 것이 아니라, 오히려 나이를 먹어도 동네 아이들과 같은 대접을 받는 다는 게 왠지 모르게 기분이 좋았다.

　이렇게 가끔 천원짜리 몇 장을 가지고 문방구에서 잡다한 것을 고르고 사들이면서 소소한 행복을 느끼는 나를 발견한다. 그리고 그 때 그 시절, 하교길에 문방구에 들러 꼬깃한 천원짜리 지폐와 동전 몇 개로 소소한 것들을 고르던 즐거움을 지금도 여실히 느낀다. 그 때의 어린 내가 지금의 내 안에 그대로 존재하고 있나 보다.

첫 번째 대형미미

그게 여섯 살 때였나. 내게는 내 키만한 커다란 미미인형이 있었다. 흰 드레스를 입은 뽀글뽀글한 금발머리의 아이였다. 집 앞 문구점 앞에서 사 온 아이인데, 내 옆의 어른(엄마 혹은 아빠로 추정)이 그 커다란 상자를 가로로 들고 걸어가고, 나는 그 옆에서 들뜬 마음으로 함께 걸으며 얼른 집에 들어가서 새로운 친구와 마주하기를 기다리고 있었던 기억이 난다.

그 아이와 나는 꽤 친했다. 플라스틱으로 만들어진 팔과 다리는 관절이 없어 꽤 뻣뻣했지만 어린 나와 체구가 얼추 맞다보니 내 옷을 공유하기도 하고, 내가 손수 그 아이에게 눈썹 문신도 해주곤 했다. 하지만 그 아이와 함께한 시간은 그리 길지 않았다. 어느날 집으로 돌아와 보니 그 아이가 사라져 있던 것이다. 범인은 아빠였다. 그 사실을 알게 된 나는 분노로 가득차 방방 뛰고, 내 시야에 보이는 아빠 다리를 때리기도 하며 그 아이를 다시 돌려내라고 울부짖었다. 하지만 아빠는 아랑곳않았다. 대체 왜 느닷없이 아빠가 나에게 의견도 구하지 않고 그 아이를 쓰레기장으로 보냈는지는 지금도 정확한 이유를 알 수 없다. 혹시 내가 그 아이에게 점점 소홀해지는 모습을 보였던 것일까? 또는 커다란 인형이 집안의 공간을 차지하는 것이 부모님은 탐탁지 않았던 것일까? 갑작스럽게 친구를 잃은 나는 큰 충격과 슬픔에 계속 울음을 토하며 거실 바닥에 엎드린 채, 떠나간

미미에게 편지를 썼다.

「미미야. 너를 지켜주지 못해서 정말 미안해. 너를 버린 건 내가 그런 게 아니라 우리 아빠가 그랬어. 너는 좋은 친구였는데. 너무 슬퍼.」

대충 이런 내용이었던 것 같다. 그런데 더 큰 상처였던 것은, 내가 울면서 미미에게 편지를 쓰는 모습을 아빠가 '쟤 인형한테 편지 쓴대 요~' 하고 낄낄대며 비웃었다는 것이다. 나에게 미안해하는 기색도 전혀 보이지 않고 오히려 조롱하는 아빠에게 엄청난 증오와 분노를 느낀 나는 울부짖으며 아빠에게 달려들었고, 미쳐 폭주하는 나를 엄마가 안아올려 달랬다.

너무 울어서 정신이 아득했던 그때를, 그리고 아빠로 인해 어느날 갑자기 버림받은 미미를 생각하면 아직도 속상하고 안타깝다. 이 글을 써내려가는 지금도 눈물이 고이는 걸 보니 그 때의 슬픔이 깊은 상처 혹은 트라우마로 남아있는 듯하다. 비록 미미에게 영혼은 없었겠지만 지금까지도 나는 미미의 명복을 빌고 있다.

이미지 출처
blog.naver.com/hyunsu0831/70127678035

두 번째 대형미미

아마도 중학교 3학년 때였을 것이다. 문득 어린 시절의 대형미미가 생각나 검색창에 '대형미미', '대왕미미' 등을 검색하다가 또다른 대형미미를 인터넷에서 우연히 발견했다.

앞서 소개한 첫 번째 대형미미는 90년대 중반에 출시된 것이었고, 흰 드레스를 입고 있었다. 두 번째 대형미미는 2000년대 초반에 출시된 것으로, 첫 번째와 키나 체구는 비슷하지만 핫핑크색 드레스에 금발의 생머리였다. 대형미미 리뉴얼 버전이라고 할 수 있겠다. 출시된 그 당시, 새로운 대형미미가 나왔다는 건 알고 있었지만 딱히 파는 곳도 보지 못했고 가격도 5만원 대였던 터라 전재산이 몇 천원 정도인 어린 나는 구입할 엄두가 나지 않았었다.

그리고 시간이 지나 절판된 줄로만 알았던 두 번째 대형미미를 우연히 인터넷에서 발견한 건 중3때인 2007년쯤이었고, 인형은 프리미엄이 붙기는커녕 원래 가격보다 더 저렴한 3만원 대라는 헐값에 판매되고 있었다. 아마 재고처분이었던 것 같다. 바로 그 순간 이 인형은 당장 꼭 사야겠다는 확신이 들었고, 언제 또 재고가 바닥날지 모르니 지금이 기회라고 느꼈다. 아무래도 부피가 꽤 큰 인형이고 갑자기 이런 인형을 들이면 엄마의 잔소리를 들을 게 뻔하기에 먼저 엄마에게 이 대형미미를 사도 되는지 동의를 구했다. 그러자 엄마는 흔쾌히 오케이하며 어릴 적 첫 번째 대형미미를 갑작스레 잃었던 상처를 치유해 주고 싶다고, 크리스마스 선물로 사주겠다고 하셨다. 그런데 조건이 하나 있었다. 크리스마스 날에 천주교 신자인 엄마를 따라서 다니지도 않는 성당에 함께 가야 했던 것이다. 결국 나는 미미를 얻기 위해 엄마와 함께 성당에 (끌려)갔고, 인고의 시간을 참아 냈다. 그렇게 해서 나는 엄마 카드로 두 번째 대형미미를 주문할 수 있었다.

주문한지 며칠 지나지 않아 어린아이의 관짝(?) 만한 택배가 집에 도착했고, 그 안에는 내가 그토록 바라고 기다리던 대형미미가 있었다. 대형미미가 입은 핫핑크색의 드레스는 5~7세 정도의 여아도 입을 수 있게 되어 있어 대형미미에게는 조금 넉넉했다. 거추장스러운 드레스는 바로 벗겨버리고 내가 아기때 입었던 옷을 입혀주었다. 옷은 예쁘게 딱 맞았다.

나는 어느 인형 커뮤니티에 이 커다란 인형의 이름을 뭐라고 지으면 좋을지 공모했고, 그중 어느 한 분의 의견에 따르기로 했다.
'대형 미미니까 줄여서 대미가 어떨까요?'
그렇게 두 번째 대형미미의 이름은 '대미'가 되었다.

세 번째 대형미미(?)

　대미가 우리 집에 온 지도 몇 년이 흘렀지만 몸이 너무 거대한 탓인지 다른 인형들과 조금 거리가 있는 듯한 느낌이 들었다. 그런 대미에게 자신과 비슷한 크기의 친한 친구가 있었으면 했다. 사실, 그냥 내가 커다란 인형이 하나 더 갖고 싶었다.
　나는 검색창에 '대형미미'를 또 검색했다. 혹시 지난 90년대 모델을 다시 구할 수 있지 않을까 싶어서. 그러자 정말 그때의 대형미미 이미지가 몇 개 보였다. 순간 버려졌던 그 아이가 생각나 울컥하는 감정을 느꼈다. 간혹 판매글도 보였는데, 이게 아직까지도 매물이 올라오나 싶었지만 이미 너무 프리미엄이 높게 붙어 수중의 돈으로는 도저히 살 수 없는 처지였다. 그저 이미지만 저장하고 말아버렸다. 그리고 중고로운 평화나라에 접속했다. 그리고 '대형 인형'을 검색했다. 거대한 솜인형의 판매글만이 보였기에 계속 스크롤을 더 내려보았다.
「대형 라푼젤 팔아요」
대형 라푼젤이라니…? 나는 얼른 그 판매글을 클릭했다. 확인해보니 대형미미와 크기가 거의 같은 디즈니 라푼젤 인형이었다. 조금은 부담스러울 정도로 커다란 눈동자에 환하게 짓고 있는 미소, 금발의 긴 머리, 보라색 드레스까지. 아, 이건 무조건 사야 해!
'코스트코에서 팔던 거 아이한테 사줬는데 아이가 그닥 관심이 없어서 내놓아요. 크기가 너무 커서 택배는 안되고 5호선 XX역 직거

래 가능해요. 6만원'

나는 망설일 틈도 없이 바로 판매자에게 문자를 보내 구입 의사를 밝혔다. 직거래 장소도 집과 많이 멀지 않았다. 굳이 택시 탈 필요 없이 전철 타고 받아오면 되겠지 싶었다.

그리고 이틀 후, 약속한 시간에 약속한 장소에서 판매자와 접선했고, 판매자의 딸아이도 함께 나왔다. 이 아이가 인형에 관심을 안 보인다던 그 아이구나.

"연락 주신 분 맞으시죠? 아이가 가지고 놀지를 않아서 거의 새거나 다름없어요. 여기 받으세요, 꽤 커요."

그녀는 나에게 라푼젤 인형이 그려진 커다란 상자를 건넸고, 묵직한 상자를 건네받은 나는 현금 6만원이 담긴 봉투를 건넸다. 판매자 옆에 꼬옥 붙어 있던 아이는 자신의 어머니와 거래중인 나를 계속 빤히 바라보았다.

'이 인형이 맘에 들지 않아주어서 고마워.'

거래가 끝나고 각자의 길을 가는데도 아이는 계속 고개를 돌려 나를 빤히 바라보았다. 나는 얼른 그 시선을 회피했다.

인형이 든 상자를 들고 다시 전철을 타고 집으로 돌아오는 길이었다. 낮 시간이라 전철 안에는 사람이 많지 않았다. 나는 서서 기댈 수 있는 구석 자리에 상자를 세워 두고 그 옆에 서 있었다. 그런데 어느 역에서 남자 두 명이 타더니 많은 자리를 남겨두고 굳이 내 앞에 서는 것이 아닌가. 인터넷 설치 기사처럼 보이는 그들은 저들끼리 대화를 하다가도 나를 계속 힐끔힐끔 쳐다보곤 했다. 그러다 피식 웃기도 했다. 그들의 눈빛은 약간 미친 여자 보는 듯한 그런 불쾌한 눈빛이었다. 나도 마찬가지로 뭘 쳐다보냐며, 그만 좀 쳐다보라는 불쾌한 눈빛을 보냈다. 그러나 그들은 계속 나를 쳐다보았다. '뭘 야려?' 하고 한마디 뱉으려다 싸움날 거 같아서 말았다.

    몇 정거장 후 그들이 내릴 준비를 했다. 출입문 앞에 서있던 그 중 한명이 고개를 돌려 나를 보며 피식 웃고는 열린 문 사이로 유유히 떠나갔다. 뭐 저런 인간이 다 있나 싶어 불쾌했지만, 그들의 눈에는 커다란 인형 상자를 든 내 모습이 우스꽝스러울 수도 있었겠지. 하지만 사람을 그딴 식으로 계속 쳐다보는 것은 예의에 어긋나는 행동이다.

    집으로 돌아오자마자 상자에서 대형 라푼젤 인형을 꺼냈다. 인형은 판매자의 말대로 거의 새것이나 다름없었다. 대형 라푼젤도 팔다리가 빳빳한 것이 대형미미와 아주 꼭 닮았다. 집에 또 하나의 거대 인형이 생기니 기분이 좋아져서 아까의 불쾌한 기분은 잊을 수 있었다. 나는 설레는 마음으로 방 안 구석에 있던 미미도 데려와 서로 첫인사를 나누도록 해주었다. 둘 모두 여태껏 외로움을 타고 있었던 것인지 서로 금방 친해졌다(개인적인 견해다).

    '대형 라푼젤의 이름은 뭐라고 지으면 좋을까? 음… 대(大)푼젤? 대푼젤 좋네. 이걸로 해야지. 대미랑 대푼젤, 이제 더 이상 심심하지 않겠다. 서로 사이좋게 잘 지내렴.'

단백질 인형

혹시 '단백질 인형'에 대해 들어본 적이 있는가? 실제 사람으로 착각할 정도로 사실적이고 정교한 인형을 일부 사람들은 단백질이 들었다고 생각했는지 '단백질 인형'이라고 하더라. 이런 인형들은 보통 '리얼돌'이라고 하는데, 남자의 성욕을 해소하고 외로움을 충족시키는 목적으로 만들어진 인형이므로 '성인돌'이라고도 칭한다. 이런 인형들은 빼어난 외모와 아름다운 바디라인, 부드러운 실리콘 살결, 그리고 커다란 유방을 갖고 있다.

인형을 좋아하다보니 사람과 비슷한 크기의 리얼돌도 매우 탐이 난다. 하지만 그 가격은 인형의 크기만큼 만만치 않다. 일본의 한 리얼돌 제조사인 'ㅇ리엔트공업'의 모델 중 그나마 가장 가격이 저렴한 것은 한화로 200만원 대이다. 이 모델은 체구가 유치원생 정도로 작고 얼굴도 어린 아이의 생김새를 지녔지만 경악스럽게도 가슴은 연령대에 비해 큰 편이다. 그리고 몸 전체가 실리콘으로 된 고가의 모델과는 달리 팔과 다리 부분은 PVC 소재로 되어 있다. 얼굴과 몸통 부분은 부드러운 실리콘 재질인 것이다. 아동성애적 취향을 가진 남성들을 타깃으로 한 모델로 추측되기에 다소 기괴하고 불쾌한 느낌이 들긴 한다. 아무튼 이 리얼돌에 대해 관심과 호기심이 많은 나는 일본에서 거주할 당시 ㅇ리엔트공업 쇼룸으로 직접 찾아가기도 했다. 실제 인형들이 전시되어 있으며 구입을 원하는 사람은 직원과 직접 상담을 할 수 있기 때문이다. 나는 차마 인형을 구입할 수 있는 상황이 아니어서 아쉬운 대로 그곳에서 리얼돌의 사진이 담긴 카탈로그와 실리콘 샘플을 구매하기도 했다.

그런데 한국에서 리얼돌을 데리고 있는 사람은 쉽게 보지 못했을 것이다. 리얼돌은 국내에서 유해 물품으로 규정되어 있어 해외에서 국내로 반입할 수 없기 때문이다. 마네킹으로 표기하고 암암리에 들여오더라도 세관에서 거의 다 칼같이 걸려 압수당하기 일쑤다. 그러니 당연히 나도 일본에서 리얼돌을 들여올 수 없는 것이 현실이다. 아이러니한 것은 해외 반입은 금지되어 있지만 국내에서 제작하는 것은 불법이 아니라는 점이다. 그러나 아직 국내에서는 적법한 절차로 제작되어 판매되는 리얼돌은 없는 상황이다. 아무래도 인권 문제와 결부되어 그런 제조사가 쉽게 생길 수 있을 것 같지 않다. 언젠가 충분한 돈이 생긴다면 그때는 꼭 일본에서 인형을 데려오고 싶은데, 세관에 미리 편지를 쓸까.

「저는 인형을 매우 사랑하는 여자 인형 수집가일 뿐 절대로 이 인형을 다른 곳에 넘기거나 불순한 의도로 이용할 생각이 눈꼽만큼도 없습니다. 그저 인형을 데려와서 제 딸처럼, 제 친구처럼 대해 주고 싶어요. 그래도 유해 물품이 되나요? 부디 저에게만큼은 리얼돌 반입을 허가해 주셨으면 합니다. 이렇게 간절히 부탁드립니다.」

소장하고 있는
○리엔트공업 카탈로그.
노출이 심한 인형의 모습이
많다.

장난감만 수집하면 다행이지

　　　나는 인형과 장난감만 수집하는 것이 아니다.
책을 좋아해서 작가와 출판사를 시작했기 때문에 책도 수집한다. 빌리는 건 아무래도 불편하고 조금이라도 맘에 든 책이 있으면 꼭 사서 보는 편이다. 한 달에 적게는 10권에서 많게는 20권 씩 산다.
그리고 음반도 수집한다. 보아의 팬이기 때문에 보아의 앨범이나 싱글은 거의 다 수집했다. 그리고 다른 가수도 조금이라도 노래가 좋으면 음반을 구입한다. 어차피 음악은 핸드폰으로 듣지만 앨범에는 가수의 사진과 가사가 수록되어 있기 때문에 사진집처럼 감상하고 소장하기 위해서이다. 보아 이외 가수의 음반은 30장 정도 수집했다.
영화 팜플릿도 모은다. 2000년대 중반부터 지금까지 몇 백 장은 모았다.
빈티지 카드도 수집한다.
젤리 포장지도 수집한다.
쓸모없지만 추억이 어린 사소한 것들도 수집한다. (기차표, 영화티켓, 행사 때 사용했던 이름표, 비닐을 안 뜯은 1회용 스푼, 예쁜 포장지 등)
옷도 함부로 잘 안 버린다. 애초부터 맞지 않았던 옷도, 철이 지나 촌스러워진 옷도 언젠가는 입겠지, 언젠가는 인형옷 천으로 써야지 하며 쌓아두고 있다.

책꽂이도 부족해서 수많은 책들은 그냥 바닥에 빌딩숲처럼 쌓여 있다. 물건들도 이렇다할 수납장도 없어 종이 박스에 넣어두고 차곡차곡 쌓아두었다. 가끔 종이 박스를 꺼내서 열어보다가 은빛으로 반짝거리는 정체모를 벌레가 후다닥 기어나오곤 했다(특히 택배 박스가 벌레들이 가장 살기 좋은 아파트라고 한다). 벌레를 크게 두려워하는 편은 아니라서 속으로 비명을 지르고 휴지로 꾹 눌러 변기에 버리곤 하지만.

    이러니 내 방은 도저히 사람이 사는 방의 용도가 아닌 창고로 전락했다. 내 스스로 늪을 만들고, 그 물건의 늪에서 헤어나오지 못하고 있는 것이다. 방이 창고로 전락한 것에 대한 애환은 뒤에서 다시 설명하려 한다.

    대체 왜 나는 물건에 이리도 집착할까? 어쩌면 악마의 저주가 아닐까 싶다. 물욕이 없는 미니멀리스트가 너무나도 부러워지는 때가 종종 있다.

소장하고 있는 보아의 앨범과 싱글

장난감 구입처

장난감을 주로 어디에서 구입하는지 질문을 받을 때가 있다. 그럴 때 내 대답은 다음과 같다. "오프라인은 주로 토이저러스 매장과 일본에서, 온라인은 주로 *중고로운 평화나라에서 삽니다."

옆동네가 *롯데동이라 이곳에 자주 가는 편인데, 이 롯데동에는 토이저러스 매장이 두 개나 있다는 사실! 하나는 롯데월드 옆에, 하나는 비교적 새로 지어진 롯데몰 지하 1층에 위치하고 있다. 사실 토이저러스매장은 온라인보다는 조금 비싼 편이라 그곳에서 자주 구입하는 편은 아니지만, 그곳에 구경하러 갔다가 '당장 여기서 이 장난감을 사고 싶다'고 느끼면 바로 구매하기도 한다. 매장에 들어서서 새 장난감들을 구경하다보면 눈이 즐거워지니 잠실에 갈 때마다 들르곤 한다. 그런데 얼마 전 슬픈 소식을 들었는데, 국내 토이저러스 매장이 하나둘 철수되고 있다고 한다. 그 이유로는 여러가지가 있겠지만 잠실의 토이저러스만큼은 부디 없어지지 않았으면 한다.

그리고 중고로운 평화나라에는 한때 아이의 소유물이었던 마론인형과 소품을 모아 떨이로 판매하는 어머니들이 계신다. '아이가 잘 가지고 놀지 않아 헐값에 처분합니다.' 이것은 나에게 참 감사한 판매글이다.

이외에도 구체관절인형 관련 물품은 '보부상' 이라는 네이버 카페에서, 바비인형 · 블라이스 · 육일돌 등의 마론인형류는 '돌스윗홈' 이라는 네이버 카페에서 구입한다.

일본에서도 장난감을 많이 구입한다. 주로 *나카노의 브로드웨이 상가나 *아키하바라, 일본 전국 곳곳에 있는 *만다라케, 중고 장난감을 취급하는 *북오프 등에서 저렴하고 희귀한 장난감을 곧잘 발견하곤 한다. *100엔샵에서도 귀엽고 찌질한(?) 장난감이 많아 자주 이용한다.

*중고로운 평화나라 : 대국민 중고 거래 커뮤니티인 네이버 카페 '중고나라'. 이곳에서 워낙 다양한 해프닝이 발생하는 탓에 네티즌들이 희화하하여 부르는 명칭이다.

*롯데동 : 송파구 잠실에 롯데월드, 롯데백화점, 롯데호텔, 롯데몰, 롯데월드 타워, 롯데캐슬 등이 모여 있어 롯데기업이 잠실 전체를 아예 먹은 것이 아니냐는 의혹으로부터 사람들이 희화하여 부르는 마을(?) 명칭

*나카노 브로드웨이 : 일본 도쿄 나카노 역 바로 앞에 위치한 상가. '괴짜' 이미지를 가득 뿜어내는, 다양한 중고 장난감 가게와 마니아틱한 가게가 많다.

*아키하바라 : 도쿄에 위치한 세계 제일의 오타쿠 성지. 메이드 카페, 피규어 가게, 가챠퐁 가게 등 애니메이션과 장난감 관련 가게가 즐비하다.

*만다라케 : 일본 전국 곳곳에 분포한 마니아틱 중고 상점. 주로 만화책, 만화 관련 굿즈, 장난감, 인형, 코스프레 코스튬 등을 판매한다.

*북오프 : 원래는 중고서점이었으나 최근에 장난감과 인형, 중고 가전, 중고 명품 등 중고 상점으로 확장되어가고 있는 추세다.

*100엔샵 : 일본의 100엔샵 브랜드로는 다이소, 세리아, 캔두, 왓츠 등이 있다. 장난감 코너에서는 마론인형, 슬라임을 비롯한 다양한 장난감을 개당 단돈 108엔이라는 가격에 살 수 있다.

좋아하는 영화마저

장난감을 좋아하다보니 클레이애니메이션이나 장난감, 인형이 등장하는 영화를 좋아한다. 가장 좋아하는 영화 1위는 〈팀버튼의 크리스마스 악몽〉이다. 1993년에 개봉된 이 영화는 어린 시절부터 매년 크리스마스 날마다 비디오 대여점에서 빌려 보곤 했다. 할로윈 마을에서 크리스마스 행사를 개최하는 과정을 담은 이 영화 속에는 수많은 괴물들이 등장하여 그로테스크함, 알록달록함, 환상적, 약간의 코믹, 약간의 공포, 약간의 로맨스를 그려낸다. 아무리 좋아하는 영화라지만 너무 많이 보면 크리스마스 날에만 보던 그 특별함이 희석될까봐 일부러 자주 보지 않는다. 이 인생영화를 제작해 주신 헨리 셀릭과 팀 버튼에게 감사할 정도로 나는 이 영화를 사랑한다. 그런데 이 〈크리스마스 악몽〉 관련 피규어나 굿즈 등은 그 퀄리티가 영화의 느낌을 따라가지 못해 많은 팬들이 아쉬움을 느낀다. 일본의 많은 애니메이션들이 굿즈를 판매하기 위한 20분짜리 광고라는 말도 있는데, 이것은 그 반대다. 영화 자체로 그냥 예술이다.

그 다음으로 좋아하는 영화로는 〈처키-사탄의 인형 시리즈〉, 〈월래스와 그로밋 시리즈〉, 〈토이스토리 시리즈〉, 〈하나코〉, 〈하우스 오브 왁스〉, 〈유령신부〉, 〈코렐라인〉, 〈더 보이〉, 〈애나벨〉 등이 있다. 나열하고 나니 과반수 이상이 호러영화다. 그렇다. 나는 사실 호러영화 마니아다. 그런데 대체 왜 인형은 매번 호러영화의 주인공이 되는 걸까. 인형에 악령이 씌이고, 인형이 사람을 죽이고, 인형이

저주를 내리는 등 항상 인형을 공포의 소재로 사용하니 많은 사람들이 인형을 공포스러운 존재로 인식하고 있는 게 아닐까. 앞으로는 인형 장인에 대한 이야기, 인형과 사랑에 빠지는 이야기, 장난감을 수집하는 사람의 이야기 등 좀 더 인형과 장난감에 대한 다양한 장르의 영화가 나와 주었으면 싶다.

*처키-사탄의 인형 시리즈 : 1988년에 1편이 개봉된 이래 현재 8편까지 제작되었다. 살인마의 영혼이 씌인 남자아이 인형이 사람들을 잔인하게 살해하는 이야기.

*월래스와 그로밋 시리즈 : 아드만 스튜디오에서 제작한 클레이 애니메이션으로 띨띨한 남자와 똘똘한 강아지가 다양한 사건을 벌이거나, 경험하는 이야기.

*토이스토리 시리즈 : 1995년에 1편이 개봉된 이래 현재 3편까지 제작되었다. 인간 세상 속에서 살아가는 장난감들의 이야기.

*하나코 : 2001년 개봉. 악령이 씌인 인형이 사람들을 공포에 몰아넣는 이야기. 일본의 전통인형인 '이치마츠 인형'을 공포스러운 존재로 고정시키는 데 큰 역할을 했다. 나는 악령이 씌인 인형도 귀엽게 보여서 이 영화를 좋아한다.

*하우스 오브 왁스 : 2005년 개봉. 인간을 밀랍인형으로 만들어버리는 극악무도한 살인마 이야기. 스크린에 등장하는 밀랍인형들을 보는 재미가 있다.

*유령신부 : 2005년 개봉. '크리스마스 악몽'과 같은 스톱모션 애니메이션. 어느 멍청한 남자가 얼떨결에 유령신부와 결혼하게 되는 이야기.

*코렐라인 : 2009년 개봉. '크리스마스 악몽'의 감독 헨리 셀릭이 제작한 스톱모션 애니메이션. 현실 세계와 환상의 세계를 넘나드는, 잔혹하고 환상적인 이야기.

*더 보이 : 2016년 개봉. 창백한 얼굴의 남자아이 인형이 주변 사람들을 겁에 질리게 만드는 이야기.

*애나벨 : 2017년 개봉. 인상이 매우 험악한 양갈래 머리의 여자아이 인형이 주변 사람들을 공포에 몰아넣는 이야기.

윗집 언니

여섯 살 때, 바로 위층에 우리 남매 또래의 남매가 살고 있었다. 나의 친오빠는 89년생, 나는 92년생이고 그쪽 남매는 누나가 89년생, 남동생이 94년생이었다. 나이대가 비슷한 우리는 위아래층을 오가며 거의 매일 만나서 놀곤 했다.

그런데 그 남매가 쌍으로 아주 막돼먹은 성격을 지니고 있었다. 그 집 언니는 나와 인형놀이를 하며 같이 놀아주긴 했다. 그러나 내 인형들을 잠시 그 언니 집에 두고 갔다가 다음날 다시 가지러 갔더니 원래부터 자기 거였다며 절대 돌려주지 않았다. 당시 나는 그 언니가 무서워 다시 돌려내라고 큰소리도 못했다. 그런데 내 스스로도 정말 바보 같았던 게, 그렇게 당했는데도 또 그 언니 집에 여러 번 인형을 두고 왔다는 것이다. 그러면 언니는 절대 다시 인형들을 돌려주지 않았다. 그래서 내겐 어린 시절 부모님이 사주셨던 마론인형들이 거의 남아있지 않다.

그 집 남동생도 못된 아이였다. 그 아이는 바로 아래층인 우리 집에 신발을 신고 들락날락대며 이 집은 자신의 소유니까 맘대로 들어와도 된다고 지껄이곤 했다. 어쩜 그렇게 애들이 한결같이 사악할 수 있었는지. 걔들 아줌마는 그렇지 않았는데 말이다. '어리니까 그럴 수도 있지' 하고 생각하기엔 우리 남매는 사악하지 않았고, 걔들은 사악했다. 그리고 내가 초등학교에 입학하기 전, 우리 집이 먼저 이사를 가면서 그 집 남매들과 더 이상 안 보고 살 수 있게 되었다.

그로부터 오랜 시간이 지난 후 내가 고등학생일 때에 놀랍게도 그 사악한 언니가 갑자기 TV에 나타났다. 초 인기 남자 아이돌과 함께 드라마의 여주인공으로 나온 것이다. 얼굴은 거의 변한 게 없었고 인상은 조금 부드러워졌지만 얼굴 어딘가에 막돼먹은 구석이 남아 있는 듯 했다. 기분 탓이겠지만….

지금도 여전히 TV에도, 유튜브에도, 연예 뉴스에도, 거리에도 그 언니의 얼굴이 보인다. 그럴 때마다 어린 날의 분하고 억울했던 기억이 스멀스멀 되살아난다. 20년도 더 된 어린 시절의 이야기니 이제는 잊을 때도 됐는데, 그 억울하고 분한 심정이 아직도 앙금으로 남아 있다.

장난감 창고용 시골집

인형과 장난감은 점점 불어나 4인 가족들이 모두 거주하는 서울의 아파트에서 도저히 수용하지 못할 정도가 되었다. 내 방에도 인형들이 가득 찼고 베란다 창고에도 가득 찼다. 인형 하나를 꺼낼라치면 베란다에 차곡차곡 쌓인 상자들을 모두 들어내고 찾아서 꺼내고 다시 정리하고 하는 식이었다. 그 사후처리가 너무 힘들어서 중도포기하곤 했는데, 그럴 때마다 보다못한 아빠가 대신 수습을 할 때도 있었다. 이따가 내가 알아서 정리하겠다고 말해도 "니가 하긴 뭘 해! 너는 다시는 베란다에 발 들이지 마!" 하고 호통을 치는 아빠의 얼굴은 산 속에서 우연히 마주쳐버린 성난 호랑이의 얼굴이었다.

참다못한 부모님이 이대로는 살 수 없다며, 처음에는 물건을 보관하는 컨테이너 박스를 알아보았다. 금액은 월 10~20만원 사이였다. 하지만 차라리 그 돈이라면 어딘가에 있는 값싼 집을 빌리는 게 더 낫겠다는 판단이 들어 결국 부동산을 알아보게 되었고, 결국 양평에 장난감 창고 용도로 작은 시골집을 빌리게 되었다.

이 시골집에는 넓은 마당도 있고 방도 네 개나 있고 화장실도 두 개나 있다. 단순히 창고로 사용되기에는 연세 지긋한 할머니와 할아버지가 단둘이서 오순도순 살고 있을 것만 같은 정감 넘치는 집의 형태다. 부모님은 서울 집에서 쓰지 않는 여분 가구들과 주위에서 받은 가구들로 그 집을 열심히 꾸몄다. 결국 그 집은 장난감 창고일 뿐만 아니라 우리 가족의 소박한 별장이 되었다. 결국 장난감 창고보다는 별장으로서의 목적이 더 커져서, 장난감 일부는 방 하나에 진열해 두었고 대부분은 박스 안에 봉인해 두었다.

　이곳은 깡시골이다보니 집 주변에 편의점이나 마트도 없다. 그 대신 이웃 시골집들과 강아지, 산, 논, 개울, 그리고 탁 트인 하늘이 있다. 그래서인지 공기도 매우 좋고, 여름에는 선선하고, 겨울에는 매우 춥다. 오전 5시만 되면 꼬끼오오 하고 울리는 천연 알람 소리도 정겹다. 이렇다보니 다른 지역에 놀러갈 필요 없이 이 집에서 잠을 자고 밥을 먹고 주변을 산책하는 것만으로도 우리 가족에게 힐링과 휴식이 된다. 가끔 친척들을 초대해서 바비큐 파티를 열기도 하고, 날씨가 선선할 때는 각자의 친구들을 데려와서 2박 3일동안 놀기도 한다. 특히 나는 매년 생일 파티를 친구들과 이 집에서 한다. 나는 한두 달에 한 번씩 오고 부모님은 주말마다 오시는 편이다.

　시골집 앞마당에는 씨를 심을 수 있는 밭도 있고 우물도 있다. 꽃을 심어 정원을 가꾸기도 하고 잡초가 너무 많이 자라면 벌초도 한다. 밭에는 상추도 심고 토마토도 심고 고추, 오이, 가지 등등 여러 채소도 심어서 직접 재배해 먹는다. 여름에는 엄지손톱만한 초록 개구리가 자주 놀러온다. 이렇게 자연의 소박한 즐거움이 있는 마당은 인형 사진을 찍기에 좋은 배경 장소가 되기도 한다. 집 바로 앞에 있는 우물은 딱히 쓸 일이 없어 방치해두는데, 공포영화 '링'에서 나오는 우물과 생김새가 비슷해서 놀러온 친구들에게 "이 우물에는 무시무시한 사연이 있어" 하고 되도않는 겁을 주며 보여주곤 한다. 2017년 여름에는 내 책과 출판사를 주제로 한 창업 관련 다큐멘터리를 이곳에서 촬영하기도 했고, 별빛이 반짝이는 밤에는 불꽃놀이나 캠프파이어를 하기도 한다. 지난 봄에는 딱새가 우체통에 알을 낳아 새끼들이 부화하고 자라서 집을 떠나가는 감동적인 모습을 지켜보기도 했다.

장난감 창고로 시작한 이 집은 가족들에게 많은 경험과 추억을 안겨주어서 정이 많이 들었다. 가끔은 복잡한 도심에서 벗어나 시골에서 자연친화적인 생활을 하며 여유를 느끼는 행복을 알게 해 준 고마운 집이다. 이곳을 2015년 겨울부터 빌리기 시작했는데, 아마도 2019년 11월에는 재계약 논의를 해야 할 것 같다. 혹시 더 이상 계약하지 않게 된다면, 그 다음에는 그 많은 짐들을 다 어떻게 해야 할까. 새로운 시골집을 또 찾아봐야 할지, 아니면 다른 곳에 바로 장난감 박물관을 차려버릴(?)지 고민이다. 그렇지만 나는 역시 이 집을 떠나고 싶지 않다.

이 집은 여름에는 시원하고, 겨울에는 정말 춥다.

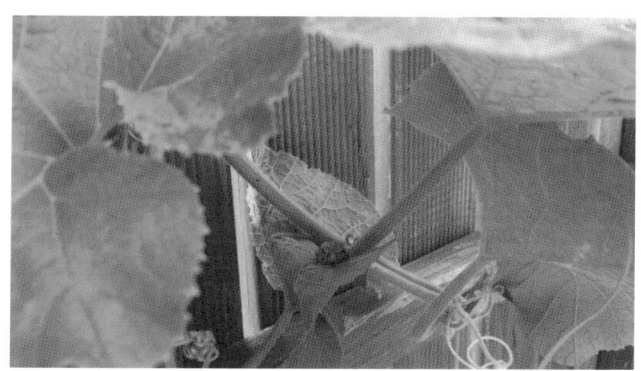

자세히 보면 작은 작은 개구리가 숨어 있다.

철마다 바뀌는 바로 옆집 강아지.
조금 친해졌다 싶으면 개장수에게 팔려가고 없다. 마음이 아프다.

내 나이만한 인형들

오르골 인형

태엽을 감으면 목이 돌아가고 멜로디가 흘러나오는 오르골 인형. 내가 태어났을 무렵 아빠가 탄생 기념으로 사주셨다고 한다. 그러나 내가 아기였던 시절에 오빠가 만지다 망가뜨렸기 때문에 나는 이 인형이 정상적으로 작동하는 걸 한 번도 본 적이 없다. 소장하고 있는 장난감들 중 가장 오래된 인형이다.

대머리 아기인형

내가 유아기때 아빠가 사주신 인형이다. 오르골 인형과는 달리 어디에서든 들고 다니기 편해서 나의 애착인형이었다. 몸통은 솜으로, 머리와 팔다리는 PVC 소재로 되어 있다. 내가 아무리 열심히 갖고 놀아도 항상 눈을 꼭 감고 잠들어 있었다. 민머리처럼 보이지만 자세히 보면 머리카락 표현을 위해 결이 져 있었다.

바비인형

앞부분에 삽입한 어린시절의 사진에 등장한 인형으로, 소장하고 있는 마론인형 중 가장 연륜이 높은 아이다. 1996년도에 어느 호텔에서 진행되었던 행사 때 크리스마스 선물로 받은 것이다. 산타 할아버지 복장을 한 사람에게서 직접 이 인형을 건네받았던 기억이 아직도 생생하다. 몇 년 후 전등 옆에 세워뒀다가 전구의 열기에 녹아서 머리카락 일부가 녹아버린 해프닝이 있었다. 그 부분은 잘라버렸기 때문에 머리 숱이 많이 줄어들었다. 다행히도 이 인형은 내가 유달리 애지중지했던 탓인지 위층의 못된 언니에게서 빼앗기지는 않았다. 나는 이 바비인형을 '왕할머니 바비'라고 부른다.

나와 연륜이 비슷한 만큼 소중한 인형들. 가장 소중한 인형을 꼽으라면 우선 이 세 인형을 언급할 것이다. 그러나 애석하게도, 넘쳐나는 장난감들 탓에 이 소중한 인형들이 현재 어디에 있는지 파악하지 못하고 있다. 서울에 있는지, 시골집에 있는지도 모르겠다. 찾으려면 날을 잡고 며칠간 뒤져야 찾아낼 수 있을 것 같다. 인형들아, 정말 미안해…. 대신 박물관을 만들게 되면 그때는 가장 좋은 자리에 놓아 줄게.

당신의 애착인형(혹은 장난감)은 어떤 생김새의 인형이었는가?
그것은 누구로부터 선물 받은 것인가?

사촌동생들

초등학생 때부터 본격적으로 시작한 장난감 수집에 복병이 생겼다. 바로 외삼촌의 딸들인 6살, 10살 아래의 사촌동생들이었다. 당시 우리집과 외삼촌 가족의 집은 서로 옆동네에 위치했기 때문에 자주 왕래하곤 했다. 외삼촌 가족이 우리 집에 조금 더 자주 놀러오곤 했는데, 동생들은 내방에 들어올 때마다 내가 가진 인형들을 부러워하고 탐을 냈다. 동생들은 매번 "언니, 이 인형 나 주면 안돼?" 하고 졸랐다가 내가 계속 안된다고 하면 외숙모에게 쪼르르 달려가서 "엄마 언니가 인형 안 줘"라며 울먹이는 목소리로 일러바치곤 했다. 그 모습이 얼마나 얄미웠는지 모른다. 그래도 언니로서 조금 싫증이 난 인형이나 장난감은 가끔 동생들에게 물려주곤 했었다. 그리고 조금 시간이 지난 후, 내가 대체 그걸 왜 줬을까 하며 후회하기도 했다.

어쩔 땐 동생이 내 인형 신발들을 나 몰래 자신의 가방에 챙겼다가 나중에 나에게 그걸 들키기도 했다. 언니로서 너그러운 마음으로 그것들을 줄 수도 있었지만, 나도 욕심이 매우 많은 아이였기 때문에 도로 받아냈다.

초등학교 6학년 때 용돈으로 산 '베리베리 뮤우뮤우'라는 만화 주인공 인형들은 커다란 눈망울과 알록달록한 머리카락의 깜찍한 생김새가 특징이었는데, 우리 집에 온 동생들이 그 인형을 발견하고는 우리 집에 머무는 내내 그 인형들이 갖고 싶다며 징징댔다. 어린 딸들의 징징대는 소리에 진땀을 빼는 외삼촌과 외숙모, 그리고 "애 애앵~"하고 어린 악마들이 내뿜는 사이렌과도 같은 소리를 듣고도 절대로 인형을 주지 않았던 독한 나.

그리고 얼마 지나지 않아 동생들이 똑같은 인형을 갖고 있는 걸 보았다. 총 5종의 만화 주인공 인형들 중 당시 내가 갖고 있던 노란색 머리와 보라색 머리를 동생들이 그대로 하나씩 갖고 있었는데, 딸들의 애원에 못이긴 외삼촌이 사다주신 모양이었다. 아휴, 그때 얼마나 내 인형이 부럽고 탐이 났을까.

우리 집에 올 때마다 절대로 가질 수 없는 사촌언니의 예쁜 인형들을 보며 부럽고 또 애가 탔을 그 어린 동생들을 생각하면 지금도 미안해진다. 특히 다른 아이들보다 인형에 대한 애착이 강했던 나이기에 인형을 쉽게 물려주는 일이 없었으니 동생들에게 나는 결코 너그럽고 맘씨 좋은 언니가 아니었을 것이다.

그 후로 하나씩 더 사모아 주인공 다섯 명이 전부 모였다.

인형 침대

초등학교 4학년 때 쯤이었던 것 같다. 아파트 단지 내 쓰레기장에서 버려진 인형 침대를 발견했다. 버려지기엔 매우 깨끗하고 튼튼한, 무려 리틀타익스 사*의 인형 침대였다. 바비인형을 뉘일 만한 딱 좋은 사이즈였는데 침대에 지붕도 있고 폭신한 패드도 깔려 있었다. 나는 웬 횡재인가 싶어 바로 그것을 집으로 가지고 왔다.
"그 인형 침대 어디서 났니?"
인형 침대를 발견한 엄마가 물었다.
"이거 내가 주운 거야."
"주운 거 아니잖아. 이런 걸 누가 버려. 누구 집에서 가져온 거겠지."
평소에 내가 도벽이 있는 것도 아닌데 엄마는 그렇게 몰아붙였고, 나는 억울할 수밖에 없었다.
"이거 진짜 주운 거라니까!"
"...진짜야?"
계속해서 억울함을 토로하자 결국 엄마는 내 말을 믿어주었다. 지금 생각해도 다짜고짜 엄마에게 의심당한 일이 참 황당하다. 그 정도로 그 인형 침대의 상태는 좋았다.

얼마 후 사촌동생이 또 놀러왔다. 당연하게도 이번에도 내가 주운 인형 침대를 탐냈다. 계속 "이거 갖고 싶은데… 언니 나 주면 안 돼?" 하고 졸라댔다. 나는 조금 고민하다가 아무래도 언니로서 물려줘야 할 것 같기도 하고, 주워오자마자 엄마에게 의심당한 게 계속 불편한 느낌이 들어 결국 그 침대를 주기로 했다. 동생은 방긋방긋 웃으며 침대를 가지고 집으로 돌아갔고, 얼마 지나지 않아 돌이킬 수 없는 선택을 저지른 것에 대한 크나큰 후회를 느낀 나는 베개에 얼굴을 파묻고 숨죽여 울 뿐이었다. '왜 줬을까? 내가 대체 왜 줬지?'

몇년 후 나도 모르는 사이 그 침대는 더 이상 사촌동생의 집에서 보이지 않았다. 아무래도 버려진 것 같다. 동생이 가지고 놀다가 싫증이 난 모양이었겠지.

*리틀타익스 : 장난감을 튼튼하고 부드럽게 만들기로 유명한 미국의 장난감 제조사.

빨대

초등학교 5학년때쯤이었을까. 마트에서 갖고 싶은 빨대를 하나 발견했다. 그냥 빨대도 아니고 파티에서나 볼 법한 독특한 빨대였는데, 핫핑크색의 꼬불꼬불한 플라스틱 스트로에 미니마우스 피규어가 달려 있었다. 결국 짤짤이와 꼬깃한 천원 지폐가 몇 장 든 지갑을 털어 그것을 샀다. 빨대로 사용하려고 산 게 아니라 그저 예뻐서, 소장하려고 산 것이다. 그리고 그 빨대는 엄마가 우리 집 식탁 옆의 유리장식장 안에 진열해 두었다.

그런데 어느 날 학교에서 조금 늦은 시간에 돌아와 보니 그 빨대가 보이지 않았다. 엄마에게 빨대를 어디로 치웠는지 물었다. 엄마는 "그거 사촌동생이 탐내길래 줬어." 하고 태연하게 대답했다. 그 말을 들은 나는 황당했다. 엄마는 내가 없는 사이에 사촌동생들이 내방에서 내 인형들을 탐내더라도 "언니가 아끼는 인형들이라서 절대 안돼." 하고 말해주는 사람이었기 때문이다.

"대체 나한테 묻지도 않고 그걸 왜 줬어?"
"네가 평소에 잘 쓰지도 않고 소영이(가명)가 계속 탐내길래 아무 생각 없이 그냥 줘버렸는데."
"나 그거 쓰려고 산 거 아니야. 내 걸 왜 엄마가 마음대로 줘?"
"아이고, 네가 그렇게 그 빨대를 아끼는지 몰랐다. 엄마가 실수했네, 미안. 그래도 동생이 갖고 싶어 하면 언니로서 좀 줄 수 있잖아."

"...다시 가져올 수도 없고 어쩔 수 없지. 근데 다시는 엄마가 안 그랬으면 좋겠어."
정말 분했지만 그 당시에는 그렇게 넘어갔다. 괜히 치사한 언니가 되긴 싫었다. 그 이후 그 빨대는 굳이 다시 찾지도 않았고 돌려받지도 않았다. 어느샌가 버려진 듯하다.

　　혹시 자녀를 둔 독자님이 이 글을 읽고 계신다면 자녀의 물건을 소중히 해 주시고, 자녀의 허락도 받지 않고 남에게 말도 없이 주거나 하지 않길 바란다. 나처럼 예민하고, 욕심 많고, 뒤끝 심한 아이는 나이를 먹어도 두고두고 마음에 묻어두고 기억해서 이곳에까지 적고 있으니 말이다.

유럽여행

초등학교 4학년 때 쯤이었을 것이다. 부모님이 참석했던 어느 행사에 경품 이벤트가 있었다. 기적적이게도 부모님이 1등으로 당첨되어 유럽 여행권을 받게 되었다. 오빠와 나만 집에 남을 수도 없는 노릇이어서 해외 출장을 여러 번 갔던 아빠가 나에게 양보하여 결국 엄마와 내가 둘이서 가게 되었다.

부모님께 정말 죄송한 일이지만, 해외여행에 별 관심도 없었던 어린 시절에 갔던 터라 솔직히 관광지에 대한 기억은 많이 나지 않는다. 일정이 워낙 빡빡해 참 힘들었던 기억이 더 강하게 남는다. 열흘 안에 열 개 이상의 나라에 가는 것은 도저히 초등학생이 감당하기 힘든 일정이었기 때문이다. 주로 그곳의 사람들과 패키지 여행을 함께 했던 사람들, 그리고 그곳에서 만난 인형들 정도가 기억에 남는다. 그리고 어딜 가나 엄마에게 가게들과 거리 곳곳에 보이는 인형을 사달라며 매번 졸랐던 기억과 그런 나를 감당하지 못해 신경질을 내는 엄마의 모습도 기억에 남는다. 유럽여행은 나에게 있어 분명 소중한 경험이기도 하지만, 차라리 조금 더 내가 나이를 먹고 갔으면 어땠을까 하는 생각도 든다.

이번 일정에서 내가 엄마를 졸라 산 것은 조금 큰 크기의 포슬린 인형과 작은 사이즈의 켈리 인형(바비의 동생), 손가락만한 길이의 스위스 소녀 열쇠고리, 바비인형 잡지와 미키마우스 독일어판 만화책, 고양이 엽서 두 장, 알파벳 ROMA 모양의 지우개 등이다. 엄마와 타협한 결과다.

 그리고 유럽에 다녀온 지 얼마 지나지 않아 항상 그래왔던 것처럼 외삼촌 가족과 만나게 되었다. 그 직전, 엄마는 나에게 켈리 인형을 동생에게 주라고 당부했다. 나는 싫다고 했지만 엄마는 '언니로서 동생에게 유럽여행 기념품은 줘야 하지 않겠냐'고 했다. 그럼 진작 그때 엄마가 골랐으면 됐지 않은가. 실랑이를 하다 결국 나는 엄마의 압박에 못이겨 억지로 그 켈리 인형을 동생에게 넘겨주게 되었다.
 그리고 사촌동생의 집에 갈 때마다 그 켈리 인형이 점점 머리가 빠지고 옷이 해지는 것이 보이면 마음이 아팠다.

스위스 인형 열쇠고리

일본여행

나에게 있어 일본여행은 해외여행이라기보다는 장난감 쇼핑 원정에 더 가깝다. 장난감 대국인 일본에는 국내보다 더 다양한 장난감들이 있기 때문이다. 귀국할 때를 생각 못하고 정신없이 장난감을 사들이다 보면 어느새 캐리어 하나가 더 필요할 정도. 여기서 책까지 더 사들이니 답도 없다. 책은 몇 권만 모여도 돌덩이처럼 무거워지니까 말이다. 이렇게 쇼핑을 하느라 고급진 식사는 아예 욕심조차 없다. 항상 귀국 전날은 빈털터리가 되고 다음날 공항에서 물 한 병살 돈도 남지 않는다. 도저히 모든 물건들을 다 가지고 갈 수 없는 경우에는 일본인 친구 집에 일부를 잠시 맡겨두기도 했다. 이런 민폐가….

2017년 5월 도쿄에 갔을 땐 사상 최대로 물건을 많이 샀다. 노트북도 가지고 갔던 데다, 여러 개의 장난감과 인형에, 책 스무 권, 부모님이 부탁한 기념품, 일본 과자 등등… 사전에 추가 수하물 결제를 해 두어서 다행이었지만 머무르던 곳에서 전철과 버스를 타고 공항까지 이 모든 물건들을 이고 가는 게 너무나도 힘들었다. 쌀가마를 이고 가는 듯 너무 무거워서 가다가 멈추고 가다가 멈추고. 지나가던 사람들은 모두 "저 여자 뭐야…" 하는 눈빛으로 나를 힐끔힐끔 쳐다보곤 했다. 결국 귀국한 당일날 나는 앓아눕고 말았다. 지금 다시 떠올려보니 너무 끔찍한 경험이다. 문제는 일본에서 귀국할 때마다 거의 항상 이렇다는 것이다. 욕심을 좀 버리면 좋을 것을, 막상 눈앞에 맘에 드는 장난감들이 있으면 그 순간 그것만 보인다. 또 언제 다시 이곳에 올지 모르고, 갖고 싶은 걸 갖지 못하면 두고두고 미련과 후회가 남기 때문에 감당할 수 있는 가격 안에서의 갖고 싶은 장난감은 그때그때 사야 직성이 풀린다. 그리고 원하던 것이 내 손에 들어와 완전한 내 것이 된 짜릿함과 기쁨을 느낀다.

슬슬 일본 원정을 떠날 때가 다가왔다. 다음 일정은 언제가 좋을까?

되물려받다

사촌동생들과 인형 때문에 실랑이를 벌이던 시절로부터 어느새 십여 년이 흘렀다. 사촌동생들은 고등학생, 대학생이 되었고 나도 사회인이 되어 있었다.

일을 마치고 집에 돌아와보니 외삼촌과 외숙모가 와 계셨다. 동생들은 일이 있는지 오지 않았다.

"왔니? 저기 거실에 있는 거 봐봐."

외숙모가 거실에 있는 상자를 가리켰다. 상자를 열어보니 그 안에는 사촌동생들이 어릴 때 가지고 놀던 것들을 나에게 물려주기(?) 위해 빼곡이 모아 둔 인형들이 들어있었다. 그중에는 내가 유럽 여행을 다녀와서 줬던 켈리 인형도 있었고(머리가 거의 다 빠져 있었다), 동생들이 내 인형이 탐이 나서 똑같이 따라 산 인형도 있었고, 나는 없고 동생은 있어서 내가 탐이 났던 인형도 있었다. 다들 때가 많이 묻고 옷도 다 해졌다. 동생들이 나를 생각해서 버리지 않고 모아둔 거라고 했다. 지난 번의 인형 침대는 이미 버리고 없었지만 대신 인형 장롱을 받았다.

이제는 옛날만큼 자주 만나지도 않고 만난다고 해도 별로 대화도 많이 하지 않는다. 하지만 그 인형 박스를 받은 나는 동생들에게서 언니를 위한 배려와 애정을 느꼈다. 언니로서 동생에게 주기만 했던 시절이 보상되는 느낌이었다.

가운데 있는 발가벗은 인형이 유럽 여행을 다녀온 후 동생에게 주었던 켈리 인형이다.

뽑기

나는 어릴 때부터 문방구 앞에 몇 대씩 놓인 뽑기를 참 자주 했다. 뽑기 중에서 가장 저렴한 건 100원, 가장 비싼 건 500원짜리였다. 캡슐 안에는 금속 싸구려 반지, 머리끈, 코딱지만한 피규어, 지우개 등 잡다한 것들이 들어있었다. 겉에는 매우 그럴듯한 상품을 뽑을 수 있는 것처럼 유인해 놓고, 막상 그런 것은 그 안에 없거나 있어도 얼마 없어 뽑기가 하늘에 별따기인 경우가 허다했다. 그런 것들을 갖고 싶어서 뽑기를 하는 것도 있었지만, 바퀴를 돌리면서 이번엔 어떤 게 나올까 하고 두근두근대는 것도 뽑기의 묘미이자 즐거움이었다.

옛날에는 뽑기 기계가 문구점이나 슈퍼 앞에 주로 있었다면 요즘은 정말 어딜 가나 보인다. 편의점 앞, 마트, 복합쇼핑몰, 휴게소, 심지어 서점까지. 그리고 요즘 뽑기는 대부분 일본에서 수입된 것이어서 그런지 2000원~3000원 정도로 많이 비싸졌고 퀄리티도 높아졌다. 그래도 가끔 동네 여기저기를 지나다 작은 문방구와 그 앞에 놓인 한국식 뽑기 기계를 발견하면 옛 시절이 떠올라 반가운 기분이 든다.

그리고 지금도 내 모습은 달라진 게 없다. 바로 어제도 나는 서점에 갔다가 뽑기를 발견하고, 돌렸다. 지금 내 책상에는 어제 뽑은 동물 피규어들이 놓여 있다.

캡슐 장난감

일곱 살 때, 피아노 학원에 다니는 옆집 친구가 부러워 엄마를 졸라 나도 같은 피아노 학원에 다니기 시작했다. 일고여덟 살 때쯤의 내 담당 선생님은 매우 깡마르고, 안경을 쓴 날카로운 인상의 분이었다. 조금 신경질적인 분이었지만 친절할 땐 친절한 선생님이었다. 어느날, 피아노 위에 처음 보는 장난감이 놓여 있는 것을 발견했다. 10cm정도의 길이의 약을 담는 캡슐 모양에 알록달록한 알갱이가 가득 들어 있고, 눈과 팔다리가 달린 그런 정체를 알 수 없는 장난감이었다. 나는 저것이 누구의 것인지 선생님에게 묻자, 단호한 대답이 돌아왔다.
"선생님 제자가 줬어. 저거 함부로 만지면 안 돼. 큰일 나."
"네…."
대체 왜 큰일이 난다는 건지 잘 이해가 되지 않았다. 그저 남의 물건을 함부로 만지면 왠지 큰일이 날 것 같았다.

선생님은 곧 나가고 나는 혼자 피아노 연습을 했다. 그 와중에도 계속 장난감이 신경쓰였다. 나는 결국 호기심을 참지 못하고 피아노 의자를 딛고 서서 그 장난감을 향해 손을 뻗었다. 그러다 장난감을 잘못 건드려 떨어뜨리고 말았고, 장난감은 요란한 소리를 내며 분해되었다. 그리고 그 안에 있던 작은 알갱이들이 쏟아져 온 바닥을 뒤덮어 너무나 당혹스러웠다. 아, 이래서 선생님이 절대 만지지 말라고 하셨던 거였구나. 급한 대로 손으로 아무리 바닥을 쓸어담아 알갱이를 모아봐도 역부족이었다. 다시 원상태로 복구하기에는 도저히 무리였다. 그 때, 연습실 문이 벌컥 열렸다. 연습을 다 마쳤는지 확인하기 위해 선생님이 다시 돌아온 것이었다. 그 광경을 목격한 선생님은 고함을 쳤다.

"야!!!!!!! 선생님이 만지지 말라고 했지!!!!!!!!!"

나는 이 상황을 대체 어떻게 수습해야 할지 몰랐다. 그저 혼나는 것 밖에는 답이 없었다. 그리고 놀라고 두려운 마음에 얼굴이 뜨거워지고 눈물이 쏟아졌다. 그러게 내가 왜 못 참고 만졌을까 하는 뒤늦은 후회가 몰려왔다. 눈물이 멈추지 않았다. 그러자 화를 내던 선생님도 내가 우는 걸 보고 달래주기 시작했다.

"그러게 선생님이 만지지 말라고 했는데 왜 건드렸어. 화장실 가서 세수하고 와. 뚝."

화장실 거울 아래쪽에 보이는 내 얼굴은 빨갛게 일그러져 있었다. 찬물로 세수를 하는데도 눈에서는 뜨거운 물이 나왔다. 세수를 하고 난 후 자리로 돌아와 보니 장난감이 다시 피아노 위에 올려져 있는 것이 보였다. 선생님이 다시 조립한 모양이었다. 속 알갱이는 거의 없어져 있었다. 나는 아직 눈물이 다 마르지 않은 얼굴을 하고서 선생님의 지시 하에 피아노 건반을 다시 누르기 시작했다. 선생님께 죄송하다는 말은 했는지 모르겠다.

얼마 지나지 않아 선생님의 배는 산만큼 불렀다. 무거운 몸을 가누기 힘들어 내 어깨를 버팀목 삼던 가냘픈 팔과 차가운 손의 묵직함이 지금도 기억에 남는다. 선생님은 곧 학원을 그만두셨다. 그 뱃속의 아이는 지금 성인이 되었을 것이다.

수학 100점

수학에 대해서는 완전히 바보였던 내가 한동안 과외를 열심히 받은 탓인지, 학교 주최 수학경시대회에서 100점을 맞았다. 나는 기쁜 마음으로 그 소식을 가지고 집으로 달려갔다. 학교에서 집까지 300미터도 안 되는 거리가 그날은 어쩜 그렇게 멀게 느껴졌는지 모르겠다. 그리고 집에 들어가자마자 엄마에게 이 기쁜 소식을 전했다. 그러나 엄마의 반응은 생각지도 못한 반응이었다.
"누구 거 훔쳐 본 거 아냐?"
엄마의 기쁜 얼굴과 격한 반응을 기대했던 나는 허탈감에 휩싸였다. 그리고 분노가 일었다.
"어떻게 나한테 그런 말을 할 수가 있어...?"
나는 서러움에 눈물을 쏟았고 그 후로 내 기분을 풀어주려는 엄마의 말을 깡그리 무시했다. 엄마가 무슨 말을 하든 대답하지 않고 계속 컴퓨터만 했다. 내가 이만큼 속상하다는 걸, 이만큼 분하다는 걸 보여주고 싶었다. 그러다 결국 엄마도 울었다. 정말로 미안하다며 울었다. 나도 또 울었다. 그리고 엄마는 마트에 가서 원하는 만큼 인형을 사 주겠다고 했다. 기분이 풀린 나는 마트에서 원없이 인형을 골랐다. 그리고 맛있는 것도 먹었다. 그렇게 나의 기분은 풀렸다.

그러나 다시 그 이후로 수학은 줄곧 낙제였다. 수학이 너무나도 싫은 건 여전하다. 그날 대체 어떻게 100점을 받았던 걸까.

망상

내가 유치원에 다니던 시절, 첫째 외삼촌은 결혼 전 우리 집에 방문할 때마다 어린 우리 남매를 위해 인형과 로봇 장난감을 사들고 오시곤 했다. 그 이후로 유치원에 다녀올 때마다 집에 누군가 인형이나 인형집을 사 두었을거라는 헛된 기대를 하는 버릇이 생겼다. 매번 설레는 마음으로 엘리베이터에서 내려 현관문을 열었다. 하지만 돌아온 집에는 내 망상을 실현시키는 것은 아무것도 없었다. 그러면 매번 힘이 빠졌다. 대체 왜 혼자 그런 쓸데없는 망상을 해서 내 스스로를 힘들게 했던 걸까. 아마도 두근거리는 마음으로 기대하는 그 순간이 즐거웠는지도 모르겠다. 기대가 크면 실망도 크다는 법을 그때는 어려서 잘 몰랐다. 하지만 나이를 먹고 인생 경험이 늘어감에 따라 헛된 기대를 버리는 법을, 그리고 헛된 기대라도 실현시킬 수 있는 법을 배웠다.

첫 책을 출간하기 직전, 이 책으로 인해 내가 하루아침에 유명한 사람이 될 줄 알았다. 그래서 뭐라도 된 양 대형서점에서 사인회도 할 수 있을 줄 알았다. 그러나 인생은 그리 쉽게 유명인이 되지 않고, 그리 호락호락하지 않았다. 이제는 책이 무탈히 잘 나와서 그저 한 사람이라도 책을 구입해서 읽어준다면 그걸로 만족하게 됐다. 그리고 기대를 실현시키기 위해 그저 꾸준히, 열심히 책을 만들기로 했다. 이제 나는 망상 같은 건 잘 하지 않게 됐다.

작은외숙모의 선물

초등학교 6학년 때쯤이었을 것이다. 엄마의 막내동생, 그러니까 막내외삼촌이 결혼했다. 작은외숙모가 될 분은 초등학교 선생님이라고 했다. 그렇게 해서 나에게는 외숙모가 한 명 더 생겼다.
"안녕? 네가 스안이니? 너 인형 좋아한다며?"
막내외삼촌의 집들이 때였다. 가까이서는 처음 만나는 작은외숙모가 나에게 인형 상자를 불쑥 건네주셨다. '제니'라는 이름의 일본산 마론인형이었다.
"우와! 외숙모 이걸 어떻게 구했어요?"
"외숙모가 다 알아서 구했지."
작은외숙모는 한국 마트에서도 쉽게 살 수 있는 국산 마론인형이나 바비인형이 아닌, 당시 특정 인형 쇼핑몰에서 주문하거나 구매대행 해야 구입할 수 있는 그런 희귀한 인형을 구입해 내 선물로 준비해 둔 것이었다. 격한 표현은 못했지만 작은외숙모에게 깊은 감사를 느꼈다.

그리고 나는 그 집으로 가는 길목에 문방구가 있다는 걸 미리 캐치해 둔 상태였다. 그리고 어른들이 이야기를 나누는 틈을 타 문방구로 몰래 향했다. 그리고 받았던 용돈으로 문방구 안에 있던 5000원짜리 마론인형을 또 샀다. 그리고 돌아오자마자 그것을 외할머니에게 들키고 말았다.

"외숙모가 너를 생각해서 인형을 사다 주셨는데 바로 인형을 또 사오면 외숙모가 뭐가 되겠니?"
맞는 말씀이다. 나도 참 철이 없었다. 대꾸할 말도 없어서 가만히 혼나고만 있었다.

몇 달 후 가족 행사에서 다시 만난 작은외숙모는 "너 뽑기 좋아한다며? 외숙모가 뽑기 해왔어." 하며 비닐봉투를 건네주셨다. 그 안에는 여러 개의 뽑기가 들어 있었다. 그 당시에는 받고 감사하다고 말했을 뿐이었는데 지금 생각해보니 작은외숙모가 나를 생각해서 동전을 하나하나 넣고 뽑았을 생각을 하니 뭉클해진다.

그리고 그 후 작은외숙모는 아들을 둘 낳았다. 그리고 그 아이들은 초등학생이 되었다. 사촌동생들에게라도 작은외숙모에게 받았던 것에 대한 보답을 해야 하는데, 나에게 아줌마라고 부른다거나 쇠 팽이를 내 머리에 일부러 떨어뜨리는 못된 짓을 하기에 아직까지는 지켜보고 있는 중이다.

엄마의 폭발

내가 제일 못하는 건 방 정리다. 방 정리를 못하는 사람이야 많겠지만 나는 거의 병 수준이다. 내 방은 장난감과 책들로 발 디딜 곳이 없고, 수십 개의 종이 박스와 수천 개의 책들, 그리고 세는 행위를 포기할 만큼 넘쳐나는 장난감들, 그리고 그 위에 쌓인 먼지… 방이 아니라 창고라고 해야 맞는 수준이다(차마 내 입으로 쓰레기장이라고 말하기는 싫다). 내 방을 본 사람은 아마 나를 미친 사람으로 여길 것이다. 침대 위에도 물건과 옷, 먼지가 가득하다. 심지어 내 방에 오래 있으면 온몸이 가려워진다. 상황이 이러하니 내 방에서 잠을 잘 수도 없는 상황이어서 나는 주로 거실 소파에서 잔다.

방 정리가 절대로 안 되는 건 어릴 적부터 이어져오고 있는 만성 질환이다. 어릴 때도 지금처럼 장난감과 책을 좋아하는 건 똑같았다. 장난감을 가지고 놀거나 책을 읽으면 바로 제자리에 차곡차곡 정리를 해야 했는데 나는 그저 아무데나 놓기 일쑤였다. 그건 아무리 엄마가 훈육해도 통하지 않았다.

결국 어느 날 한계에 다다르고 이성의 끈이 뚝 끊겨버린 엄마는 나를 구석에 몰아놓고 내 몸에 장난감을 밀어 쌓았다. 그리고 울부짖는 내 얼굴에 노란색 레고 바구니를 올렸다. 내 울음소리가 바구니 안에서 울렸다. 눈물 냄새와 습기도 바구니 안에서 맴돌았다. 그때 엄마는 제정신이 아니었다. 나도 그 상황이 너무나 두려웠다. 그런 엄마의 자극적인 훈육에 잠시 나도 정리정돈을 곧잘 하는 듯 했지만 시간이 지나자 다시 원상태로 돌아가버렸다. 그래서 가끔 엄마는 화산 분화구처럼 폭발했고, 그럴 때마다 나는 너무나 무서웠다. 그러나 아무리 혼이 나도 '정리를 못하는 질병'은 고쳐지지 않았다.

그리고 지금도 나는 변함이 없다. 오히려 어릴 때보다 물건이 더욱 많아져 그 증상이 심해졌다. 그런 내 방을 보는 엄마는 가끔 내 방을 뒤엎고 싶다고 말한다. 그럴 때마다 나는 "바쁜 거 괜찮아지면 바로 치울게" 하고 얼버무린다. 그러기를 몇 년째… 방에 공간이 없고 작업실이나 사무실도 따로 없다보니 작업도 부엌에 있는 식탁에서 했다. 식탁 옆 한쪽에는 책들과 작업물, 서류, 장난감, 화장품 등이 놓여 있었다. 그렇게 약 2년간 식탁에서 지내다, 보다못한 부모님이 얼마전 그것들을 TV방으로 옮겼다. 그렇다고 TV방이 완전한 내 작업실이 된 건 아니다. 여전히 부모님은 이 방에서 TV를 보고, 나는 그 옆에서 노트북을 두드리고 있다.

우리 부모님은 전생에 무슨 죄를 지었길래 이토록 오랜 시간동안 자식의 고질병 때문에 고통 받고 있는 걸까. 내 병은 언제 나을 수 있는 건지, 그리고 나는 언제쯤 독립할 수 있는 건지, 언제쯤 장난감들을 따로 모아 전시 공간을 마련할 수 있는 건지…. 지금 이 순간도 내 물건들 때문에 고통받고 있는 가족들을 위해 하루빨리 이 집에서 나가주고 싶다. 웃긴 건 내 노트북 상태도 내 방과 똑 닮았다는 것이다.

크리스마스 트리

어릴 적에는 천장에 닿을 만큼 커다란 크리스마스 트리가 집 안에 있었다. 트리에는 산타 양말, 별과 구 모형, 작은 선물 상자 모형, 금색의 종들이 매달린 장식 줄, 하얀 솜 등으로 꾸며져 있었고 맨 꼭대기에는 어린아이 얼굴만한 황금색 별이 달려있었다. 그리고 반짝반짝 빛나는 LED 조명이 트리 전체를 감싸고 있었다. 매년 11월 말쯤부터 아빠가 창고에서 트리를 꺼내 조립하고, 엄마와 오빠와 나는 그 트리를 꾸몄다. 그럴 때마다 트리에서 뿜어져나오는 플라스틱 향기가 무척 반갑고 좋았다.

저녁이 되면 트리의 조명을 켰다. 반짝거리는 트리와 거실 전축에서 흘러나오는 캐롤 송을 들으면 괜히 기분이 설레며 몽글몽글해졌다. 산타 할아버지가 바로 부모님이었다는 사실은 초등학교에 들어온 지 얼마 지나지 않아 알게 되었지만 그와 상관없이 나는 그 트리가 정말 좋아서 가족들이 잠든 새벽에 반짝거리는 트리 밑에서 책을 읽거나 장난감을 가지고 놀았다.

초등학교 고학년이 되었을 무렵, 12월이 다 되어도 거실에는 트리가 놓이지 않았다.
"아빠, 이제 슬슬 트리 꺼내자."
"트리? 버렸는데?"

"버렸다고? 왜...?"

"너희들도 이제 다 컸고, 매년 꺼내서 장식하는 것도 귀찮고, 공간 차지하니까."

그렇게 더 이상 우리 집에서 트리가 놓이는 일은 없었다. 하긴, 매번 조립하고 해체하고 정리하고 집어넣는 일은 아빠가 다 해왔다. 별로 돕지도 않았던 나는 반박할 자격이 없었다.

트리에 대한 아련한 그리움이 있던 나는 성인이 되어 작은 트리를 샀다. 트리에 종 모형이 줄줄이 달린 줄을 달아주고, 주변에 작은 선물 상자를 쌓고, 작은 사슴 모형을 놓고, 천사 모형과 산타 스노우 볼을 놓았다. 그리고 방 한쪽에 그 상태로 장식해 두었다.

캐롤도 평소에는 잘 듣지 않는다. 12월이 되면 그때 열심히 듣기 위해 아껴두는 것이다. 그리고 12월에는 내 생일과 크리스마스, 그리고 한 해의 마지막 날이 있어서인지 들뜨기도 하고 아쉬운 마음이 들기도 한다. 그렇게 한 해의 마지막 달을 그동안 아껴둔 캐롤의 멜로디를 듣고, 트리를 아기자기하게 장식하는 즐거움을 느끼며 한 해를 마무리한다.

지금도 가끔 떠오르는, 커다란 트리 밑에서 나 혼자만의 새벽을 보내던 시절. 그것은 트리 꼭대기의 별처럼 영원히 잊지 못할 즐거운 기억이다.

유부남

 스무 살 즈음이었을 것이다. 중고나라에서 수십 개의 피규어를 일괄로 저렴하게 처분한다는 판매글을 발견했다. 같은 서울 안에서는 직거래도 가능하다기에 직거래를 시도했다. 판매자는 친절하게도 내가 사는 쪽으로 와주겠다고 했다.

 다음날 전철역 개찰구에서 마주한 판매자는 마르고 선한 인상의 남성이었다. 나는 그에게서 피규어가 가득 든 묵직한 비닐 가방 두 개를 건네받았다. 그리고 서로 인사를 한 후 헤어졌다. 수많은 피규어들을 양손에 든 채 만족스러운 기분으로 집으로 돌아오는 길에 판매자에게서 다시 연락이 왔다.

'아까 실제로 보니 제 이상형이셔서 그런데 혹시 취미 공유하면서 개인적으로 친하게 지낼 수 있을까요?'

나는 단칼에 거절했다. 그의 나이가 나보다 열 살은 더 많아 보였기 때문이다. 그는 알겠다고 대답하며 다시는 연락하지 않았다.

 몇 달 후 메신저 친구를 정리하다 우연히 다시 그의 프로필을 보게 되었다. 사진 속에는 스튜디오에서 찍은 듯 모두 같은 옷을 맞춰 입은 판매자와, 그의 아내로 보이는 여성과, 그리고 그 가운데에는 그의 아들로 보이는 아기가 환하게 웃고 있었다.

구체관절인형

2000년대 초에서 중반 무렵, 안구와 가발을 골라서 끼우고 씻위줄 수 있는 구체관절인형이 유행했다. '구체관절'이라는 명칭은 인형의 관절 부분이 구형으로 되어 있는 점에서 지어졌다고 한다. 인형의 크기는 손바닥만한 것부터 70센티가 훌쩍 넘는 크기까지 다양하고, 인형 몸체의 부분과 부분을 연결하는 것은 내부에 전체적으로 연결되어 있는 텐션 줄이다. 독일의 어느 조형예술가가 예술 작품으로 제작한 이 구체관절인형을 일본의 vloks사가 상품으로 생산하기 시작하면서 점차 대중화되었고, 우리나라에도 구체관절인형이 알려지면서 국내에도 다양한 제조사가 생겼다. 인형의 가격은 20만원 대에서 몇 백만원 대까지 천차만별이며 인형 치고는 결코 저렴한 가격은 아니다. 다른 마론인형들에 비해 가발도, 안구도, 의상도, 인형 메이크업 가격도 훨씬 가격이 높다. '돌피인형'이라고도 불렸고, 줄여서 '구관'이라고도 부른다. 영문으로는 'Ball Jointed Doll'로, 해외에서는 'BJD'이라고 줄여서 부르기도 한다.

구체관절인형이 한창 붐이던 때, 초등학생이었던 나도 그 인형이 너무나도 갖고 싶었다. 하지만 초등학생에게 20만원이 넘는 돈이 있을 리가 없었다. 당시 나는 여러 차례의 시험에 통과해야만 입학할 수 있는 특성화중학교 입시를 준비하고 있었는데, 그 학교에 합격하면 구체관절인형을 선물받기로 부모님으로부터 약속을 받았다.

결국 나는 초등학생에게는 너무나도 고된 중학교 입시를 내 품안에 들어올 구체관절인형을 떠올리며 견뎌냈고, 합격했다. 그 당시 20만 원이 넘는 가격의 인형은 초등학생에게는 과분했기 때문에 나는 부모님께 큰 부담이 되지 않도록 중고로 구체관절인형을 구입하기로 했다. 당시 구체관절인형 커뮤니티의 중고장터에서 그나마 제일 가격이 낮은 인형은 17만원이었는데, 국내 구체관절인형 제조사 '루츠'의 '나라'라는 이름의 여자아이였다. 옷은 없고 인형 본체와 안구, 그리고 가발 구성이었다. 다행히도 예쁘게 메이크업이 되어 있었고, 직거래를 하면 택배비 5천원을 제외해 준다고 명시되어 있었다. 나는 그 인형을 구입하기로 결심했고, 판매자와 맞춘 날짜와 장소에 부모님과 함께 가기로 했다. 알몸의 인형을 감쌀 담요도 하나 챙겼다. 운전은 아빠의 몫이었다.

한겨울이었다. 판매자는 20대의 여성분이었는데, 날씨가 너무 추워 부모님이 그분에게 차 안으로 우선 들어오시라고 말했다. 그 안에서 판매자는 나에게 인형을 건네주었고, 부모님은 준비해 둔 16만 5천원을 그녀에게 건넸다. 나는 떨리는 마음으로 이제부터 내 인형이 된 그 아이를 품에 안았다. 얼마나 원하던 구체관절인형인지, 정말 기쁘고 설레었다. 차 안에서의 거래를 마친 후 판매자와 우리는 인사를 하고 헤어졌다.

"엄마 아빠한테 감사 인사 해야지."
뒷좌석에서 인형을 안고 두근대고 있는 나를 뒤돌아보며 부모님이 말씀하셨다.
"감사합니다."
"이름은 뭐로 지어줄 거야?"

"유빈이."

사실 이 이름은 판매글에 있던 인형의 사진을 보며 미리 지어 준 이름이다. 뭔가 유빈이라는 이름과 어울리는 외모였기 때문이다. 에메랄드 빛의 예쁜 눈동자를 한 새 인형을 안고서 바라보고 있으니 중학교 입시의 힘들었던 시간들을 보상받는 기분이었다. 중고로 구입했지만 가격이 꽤 높은 인형. 이런 값비싼 인형을 초등학생에게 선물해 주신 부모님께 감사한 마음도 컸지만, 이른 아침부터 늦은 밤까지 휴일없이 하루종일 미술학원에 갇혀서 혼나고, 맞고, 울고, 그리기 싫은 입시 그림을 억지로 그려야 했던 고통스러운 나날을 이겨낸 나는 이 인형을 선물 받을 자격이 충분했다.

그 이후로 구체관절인형을 하나씩 늘려, 지금은 딱 열 남매가 되었다. 인형들의 이름은 소빈, 단빈, 호빈, 선빈, 하빈, 나빈, 석빈… 이렇게 '빈'자 돌림으로 지어주었다. 현재는 여아 다섯, 남아 다섯으로 어쩌다보니 성비도 딱 맞는다. 가끔 인형들의 옷이나 신발, 가발 등의 소품을 사 입히면서 애정을 표현해준다.

가끔 나는 이 아이들이 정말 내 자식 같아서 옛날 차 안에서 유빈이를 안고 유리안구를 바라보며 눈을 맞추던 순간처럼 인형들을 안고 사랑스러운 눈길로 지그시 바라본다. 장난감이라기엔 뭔가 반려동물같은 느낌. 아무리 생명이 없는 인형이라도 애정을 자꾸 주니 정말로 생명이 있는 것만 같은 느낌이다.

그런데 안타깝고도 신기한 것은 이 인형들도 늙는다는 것이다. 세월이 흐르고 공기에 자주 노출되면 인형의 색이 누렇게 변하는 '황변'이 일어나기 때문에 되도록 공기가 잘 통하지 않도록 보관해야 하는데, 이것을 '암소보관'이라고 한다. 지금 내 인형들은 세월이 세월이니만큼 대부분 황변이 꽤 진행되어 있다. 뽀얗던 유빈이도 지금은 누런 레몬 색이 되었다. 사람이 나이를 먹으면 주름이 늘어가는 것처럼 인형의 피부색도 변하는 것이다.

    이 인형들이 어떤 색이 되든, 나는 끝까지 이 아이들과 함께 할 것이다. 내 자식과도 같은 이 아이들. 열 남매를 나란히 세워 두고 바라보고 있으면 먹지 않아도 배부르고, 뿌듯한 느낌이 든다. 이 느낌은 실제 아이를 키우는 부모의 느낌과는 다르겠지만 아주 조금은 비슷할 지도 모르겠다.

돌하우스 줍기

요즘 장난감 좀 가지고 논다는 아이들의 방에는 커다란 원목 돌하우스가 하나씩 놓여 있다. 이 돌하우스는 어린아이의 키와 비슷하거나 더 크기도 하고, 3~4층으로 나뉘어 수동 엘리베이터까지 있다. 제조사에 따라 디자인도 조금씩 다르다. 원래 가격은 10만원대에서 높게는 2, 30만원도 한다. 중고로운 평화나라에도 아이가 이제는 더 이상 관심이 없고 자리를 차지한다는 이유로 이런 돌하우스의 판매(처분)글이 종종 올라오기도 하는데, 돌하우스의 크기가 꽤 큰 만큼 무게도 나가기 때문에 택배 거래가 불가능하고 직접 가지고 가시라고 명시되어 있다. 그러나 아무리 몇 만원 정도의 저렴한 가격으로 올라오더라도 나는 섣불리 구입할 수가 없었다. 나는 차가 없는 '뚜벅이'이기 때문이다. 그렇다고 부모님이나 지인에게 부탁할 수도 없는 상황. 부모님은 절대로 집에 들여선 안된다며 극구 반대하실 게 뻔하고, 지인의 차에 이 커다란 물체를 실었다가는 자칫하면 남의 차에 흠집을 낼 수도 있다. 그래서 그 돌하우스는 항상 포기하고 있었다.

그러던 어느 날, 놀랍게도 아파트 지하 분리수거실에서 그 돌하우스를 발견했다! 그것은 누가 봐도 버리려고 내놓은 것이었다. 상태를 보니 낙서가 조금 되어 있고 약간 때가 탄 정도였다. 산 속에서 산삼을 발견한 기분이 이런 것일까? 이건 신이 주신 깜짝 선물이다!

나는 부모님이 반대를 하시든 말든 일단 그것을 가지고 집으로 올라가려 했다. 그러나 나 혼자서 들기에는 역부족이었다. 나는 어쩔 수 없이 집에 계신 아빠에게 전화를 걸어 도움을 요청했다.
"아빠! 지하에 내가 너무너무 갖고싶었던 돌하우스가 있어! 이거 10만원 넘는 건데 누가 버렸나 봐. 아빠! 나 좀 제발 도와주라. 나 이거 혼자 못 옮기겠어."
평소에 내가 정말 갖고 싶어했던 걸 어필하며 아빠에게 애원했다.
"남이 버린 걸 왜 주워? 줍지 마라. 더럽다."
"아빠! 제발! 이렇게 부탁할게! 평소에 엄청 갖고 싶었던 건데 내가 차가 없어서 못 샀던 거야. 바로 걸레로 닦을게. 제발 나 좀 도와줘."
결국 아빠는 내 애원에 못 이겨 돌하우스 운반을 도와주셨다. 엘리베이터 안에서 인상을 쓰며 탐탁지 않은 눈빛으로 그것을 바라보는 아빠, 그리고 호들갑을 떨며 '평소에 사려고 했던 건데 이렇게 공짜로 얻으니 잘 된 거'라고 기쁜 마음을 어필하는 나, 그런 나에게 "니가 거지냐?" 하고 노려보는 아빠. 집 안으로는 들이지 말라는 아빠의 호통에 현관문 밖에서 돌하우스를 걸레로 정성스럽게 닦아주었다. 돌하우스 곳곳에는 분명 어린 아이가 끄적거렸을 낙서와 늘러붙은 스티커가 있었다. 어차피 나중에 돌하우스 전체를 페인트로 칠하면 될 것이다. 그리고 그것은 공간을 많이 차지하기에 곧 양평 시골집으로 옮겼다.

　다음 해, 어느 역 근처 카페에서 프로젝트를 함께 하던 동료들과 회의를 하고 있었다. 그러다 잠시 창밖을 바라보는데, 유리창 너머로 알록달록하고 낯익은 것이 보였다. 저, 저건...? 산삼, 아니 돌하우스?! 한창 회의를 하던 중이기에 차마 얘기를 끊고 나갈 수가 없었다. 가슴이 두근거려 회의 내용이 머리에 들어오지도 않았다. 누군가 가져가기 전에 저걸 어서 내가 찜해야 한다. 잠깐 짬이 난 틈을 타 밖으로 달려나가 돌하우스를 살펴보았다. 지난번에 주운 것보다 조금 더 큰 돌하우스였다. 그런데 또 이걸 주워서 집으로 가져가도 괜찮을까? 괜찮겠지...? 사진을 찍어 엄마에게 전송하는 동시에 메시지를 남겼다. '예전부터 갖고 싶었던 건데 우연히 발견했어! 지난번에 갖고 온 거랑은 다른 디자인이야. 이거 집으로 가지고 갈게.' 거절은 거절한다는 통보였다. 잠시 후 엄마에게서 온 답장은 '이런 것 좀 그만 주워오면 안되니'. 딱히 강하게 반대하시는 것 같지는 않으니까 괜찮다는 의미겠지...! 누가 가져가지는 않는지 계속 옆을 흘겨보며 신경 쓰느라 어떻게 흘러갔는지도 모를 회의를 마친 후 동료들과 함께 다시 그 돌하우스 앞으로 갔다. 그런데 이걸 어떻게 들고 간담. 이걸 들고 지하철을 타면 아마 인터넷에 유명인사가 될 것이 뻔하고, 부피도 크고 무거우니 아무래도 들고 다니는 것은 불가능한 일이겠지. 그래서 나는 운반 방법을 택시와 용달차 중에서 고민했다. 택시로 운반한다면 이게 차 트렁크에 들어갈 것 같지도 않고, 그렇다고 뒷좌석에 넣기엔 시트를 더럽힐 것 같았다. 그래서 결국 용달을 부르기로 했다. 용달비는 3만원. 얼마 후 작은 용달 트럭이 도착했고, 그때까지 함께 기다려 준 동료들은 고맙게도 나대신 트럭에 돌하우스를 올려주었다.

    트럭 조수석에 앉아 귀한 산삼을 싣고 집으로 돌아가는 길. 용달 트럭은 일반 자동차와는 다르게 보닛이 없었다. 도로와 사람 사이에 유리창 하나뿐이라 자칫 사고라도 나면 큰일이 날 것 같아 조마조마했다. 돌하우스를 열심히 옮겨주시는 용달 아저씨가 앞으로도 무탈하게 일하시기를 마음속으로 바랐다.

돌하우스를 가지고 집으로 돌아온 나를 보며 엄마는 한숨을 쉬며 걸레를 건네주실 뿐이었다. 두 번째 돌하우스도 곧 양평 집으로 옮겼다.

슬라임

　　요즘 어디서나 보이는 대세 장난감 슬라임. 액체괴물(액괴), 젤리괴물(젤몬)이라고도 불린다. 2016년부터 본격적으로 SNS를 타고 유명해지기 시작해 아이·어른·국내·국외 할 것 없이 전세계에 슬라임 열풍이 불고 있다. 전국 문구점 한쪽에는 슬라임이 종류별로 진열돼있고 액세서리 가게에서도, 서점에서도, 길을 가다가도 슬라임이 보인다. 슬라임 카페도 있고 직접 만드는 사람도 많다. 유튜브에는 슬라임 리뷰 전문 유튜버가 넘쳐난다. 물론 나도 그 열풍에 휩쓸린 사람 중 한 명이다. 슬라임을 직접 만드는 건 영 귀찮아서 아직 시도해 보진 않았지만.

　　슬라임의 묘미는 자고로 쭈-욱 늘어나는 것, 그리고 예쁜 것. 문구점에서 판매하는 1000원~3000원 사이의 저렴한 슬라임은 대부분 늘어나지 않고 도토리묵처럼 뚝뚝 끊기는 것이 많다. 5000원~10000원 사이의 비교적 높은 가격대인 슬라임은 '수제 슬라임'이라고 하며 대부분 개인 샵이나 팝업스토어에서 판매한다. 가격대가 있는 만큼 쭉쭉 잘 늘어나고 슬라임 안에 들어가는 펄이나 파츠도 예쁘고 독특한 것이 많다.

　　슬라임은 시간이 경과하면 수분 때문에 곰팡이가 생기거나 다시 만지고 놀 수 없을 정도로 녹아버리기도 하고, 더 이상 늘어나지 않고 굳어버리기도 한다. 영구적이지 않고 시간과 온도와 날씨에 매우 취약한 장난감이다. 그런데 사람들은 왜 이렇게 슬라임에 열광하는 걸까? 매일 반복되는 각박한 현대인의 일상에서 잠시 도피하여, 반짝반짝 예쁜 슬라임을 눈으로 감상하고 손으로 주물주물 만지면서 잠시 어린아이의 마음으로 돌아가 안정을 취하고픈 걸까. 엄마의 의견으로는 모두가 어머니의 말랑한 젖가슴을 그리워하기 때문이란다….

나도 슬라임을 왜 자꾸만 사모으고 있는 걸까. 어차피 시간이 지나면 마르거나 녹아서 버릴 것들을 말이다. 그 이유를 정확히 정의하긴 힘들지만, 슬라임은 분명히 중독된다. 하나를 사면 두 개를 더 사고 싶고, 자꾸만 주물주물 만지작거리고 싶은, 예쁘고 말랑말랑한 촉감 놀이 마약. 나를 포함한 많은 사람들은 지금 슬라임에 중독되어 있다. 이 열풍은 과연 언제까지 지속될까.

+ 슬라임에는 유해성분이 있어서 만진 후 꼭 꼭 손을 씻어야 한다.

도둑질

　　일고여덟 살 때쯤이었을까. 엄마를 따라 엄마의 친구 집에 놀러갔다. 그 이모에게는 나보다 한두 살 더 어린 딸이 있었다. 그리고 그 아이의 방 안에는 내가 평소에 매우 갖고 싶었던 신상 화장품 놀이 세트가 있었다. 커다란 눈망울의 캔디가 그려진 빗, 거울, 로션통, 향수병 등등. 아무리 내가 그걸 원해도 엄마는 절대 사주지 않았던 것이었다. 결국, 나는 그 아이 몰래 화장품 몇 개를 주머니에 넣었다.

　　집으로 돌아온 후, 평소에 보이지 않던 장난감들을 발견한 엄마는 내가 그걸 훔쳤다는 것을 바로 알아차리고는 매우 화를 내셨다.
"네가 무슨 도둑이니? 나는 너를 그렇게 키우지 않았는데!"
나는 심하게 야단을 맞았다. 마치 취조실에 갇혀 경찰에게 심문을 받는 범죄자의 기분이었다. 엄마는 그 장난감들을 회수하여 친구의 딸에게 돌려줄 거라고 했다. 결국 그것들은 엄마가 다시 그 친구를 만날 때까지 비닐로 싸여 거실 장식장 안에 보관되었다. 그리고 그 장난감은 몇 달 동안 그 자리에 있었다. 엄마가 아직 친구를 만나지 않은 모양이었다. 나는 엄마가 집에 안 계실 때마다 가끔 그 비닐을 열어 장난감을 가지고 논 다음 다시 집어놓곤 했다. 엄마는 끝까지 그 화장품 세트를 사주지 않았다.

　　그리고 얼마 후 그 장난감들은 보이지 않았다. 엄마가 돌려줬는지, 버렸는지는 잘 모르겠다. 그 이후로 나는 남의 물건을 훔치지 않았다.

그 이후 가끔 엄마가 그 아이의 안부를 전해 준다. "그 너가 장난감 훔쳐왔던 그 애~"라며 이번에 어느 학교에 들어갔다느니 어느 학과를 선택했다느니 알려주곤 했다. 굳이 알고 싶지도 않은데 말이다. 민망하게시리 앞에 그 말은 왜 붙이는지, 참. 이것은 내 유년시절의 잊을 수 없는 수치다.

조각조각

　열 살 즈음이었을까. 다니던 초등학교 운동장에서 바자회가 열렸다. 바자회는 인형이나 장난감을 헐값에 구할 수 있어서 매번 손꼽아 기다리던 행사였다.
　책과 장난감, 낡은 만화영화 비디오테이프, 책가방 등 다양한 물건들이 어지럽게 쌓인 곳에서 도널드덕 인형이 내 눈에 딱 들어왔다. 솜인형을 그다지 좋아하지는 않지만 배가 통통하게 솜이 들어가 있고 아기 잠옷을 입은 그 인형에 왠지 모르게 끌렸다. 인형에는 500원이라는 가격표가 붙어 있었다. 동전과 교환하고 받아든 인형은 매우 폭신하고 부드러웠다. 그리고 아기 분유 냄새와 베이비파우더 향이 희미하게 풍겼다. 아기가 쓰던 것이었을까.
　그리고 며칠 후, 어질러진 내 방을 본 엄마는 또다시 폭발하고 말았다. 엄마는 손에 잡히는 대로 물건을 버리려 했다. 그러다 침대 위에 올려져 있던 도날드덕 인형을 집어 부엌가위로 서걱서걱 잘랐다. 도날드덕의 몸 안에서 솜뭉치가 내장처럼 터져나왔고, 이성을 잃은 엄마를 말릴 방법은 없었다. 나는 너무 겁을 먹어 아무런 반발도 하지 못했다.
　한바탕 소동이 끝난 내 방 바닥에는 사방에 흩어진 솜뭉치와 몸이 조각조각 분해되어버린 도날드덕의 사체가 덩그러니 남겨졌다. 유일하게 멀쩡했던 도날드덕의 남겨진 머리 부분이 오싹하게 느껴졌고, 망연자실함이 몰려왔다. 나와 함께 보낸 시간이 얼마 되지도 않았는데 그렇게 도날드덕은 나와 이별해야 했다.

건강하길

　　자랑 같지만 초등학생 땐 학년마다 반에서 나를 좋아하는 남자아이가 꼭 한명씩은 있었다. 나는 예쁘지도 않았고 성격도 조금 이상했는데 대체 왜들 그랬는지는 잘 모르겠다. 아무튼 그때도 나는 아이들 사이에서 인형을 좋아하기로 유명한 아이였다. 본격적으로 인형을 수집하기로 마음먹은 5학년 때, 나는 필요 없는 인형을 나에게 처분해달라는 내용을 쓴 대자보를 교실의 뒷게시판에 붙였다.
'얘들아 안녕 필요 없는 마론인형은 버리지 말고 부디 나에게 처분해 주라 그러면 내가 잘 키울게'
그러자 정말 신기하게도 반 아이들이 나에게 더이상 가지고 놀지 않는 인형을 가져다주었다. 초등학교 고학년 때가 아이들이 본격적으로 장난감과 멀어지는 시기였는지, 이때 친구들로부터 꽤 많은 인형을 받을 수 있었다. 인형들은 친구들의 추억을 그대로 머금은 듯 손때가 많이 묻어 있었고 머리카락이 산발이었지만 공짜로 새 인형이 생겨 즐거웠다.
　　그리고 어느날 갑자기 나를 좋아하던 같은 반 남자아이에게서 집으로 전화가 걸려왔다.
　- 너 인형 좋아한다매.
　- 응. 맞아.
　- 집에 솜인형 엄청 많은데 좀 갖다줄까?

- 나 솜인형은 별로 안 좋아하는데.
- 그럼 뭐 좋아하는데?
- 나는 사람인형 좋아해.
- 음... 알았어.

　다음날, 그 아이는 나에게 하얀 드레스를 입은 바비인형을 불쑥 내밀었다.
- 이거 어디서 났어?
- 우리 누나꺼 훔쳐왔어.
- 뭐? 진짜? 이거 내가 받아도 되는 거야?
- 응. 너 가져.
- 알았어. 고마워.

　반 친구들이 나에게 물려준 인형과 그 남자아이가 준 인형은 지금도 잘 있다. 친구들로부터 받은 인형을 보면 자연스럽게 그 인형을 준 친구의 얼굴이 떠오른다. 그때 인형을 받기만 하지 말고 과자나 초콜릿으로 작게나마 보답이라도 할 걸 하는 아쉬움이 든다. 그 친구들은 지금 잘 있을까. 무슨 직업을 갖고 있을까.
　그리고 나는 끝끝내 그 아이의 마음을 받아주지 않았다. 너무 말썽을 많이 부렸고 이상형과는 너무 거리가 멀었기 때문이다. 그래도 누나의 인형까지 훔쳐 와 나에게 선물해줬던 그 아이가 지금 어디에선가 건강히 잘 지내고 있기를 바란다.

고양이 마니아

나는 동물 중에서 고양이를 가장 좋아한다. 강아지파와 고양이파가 나눠져 있다면 나는 명백한 고양이파다. 도도하다가도 가끔은 사람에게 애교를 부리며 앵겨드는 마성의 매력. 나는 길을 가다가도 고양이를 발견하면 사진을 찍거나 인사를 건네거나 쓰다듬곤 한다. 하지만 아쉽게도 우리 가족은 동물을 키울 여유나 자격도 없는데다, 특히 엄마가 고양이를 극도로 싫어한다. 어릴 때 읽었던 에드가 앨런 포의 소설 '고양이'를 읽은 후로 고양이가 너무나도 공포스럽게 느껴진다나. 그리고 나는 고양이털 알레르기가 있다. 고양이와 한 공간에서 오래 있으면 콧물과 재채기가 나고 눈이 가려워진다.

이렇다보니 고양이에 대한 나의 애정과 직접 기르지 못하는 아쉬움을 고양이 모양의 피규어를 모으는 것으로 해소했다. 가챠퐁(뽑기)나 인터넷, 문구점 등 다양한 곳에서 고양이 피규어를 하나씩 사 모았다. 그렇게 모으다보니 수십 개를 모으게 되었고, 그것을 촬영한 사진집도 만들어서 출간하기도 했다. 하지만 아무리 내가 고양이 모형을 수십 개 수백 개 수천 개를 모았다고 해도 뜨끈뜨끈하고 말랑말랑하고 냐옹 하고 우는 실제 고양이를 대신할 수는 없을 것이다.

나는 매일 고양이의 동영상을 찾아 보고, 고양이의 사진도 수집하고 있다. 핸드폰에 고양이 폴더가 따로 있을 정도다. 고양이를 보고 있으면 그 고양이가 무슨 품종이든, 몇 살이든, 뭘 하든 사랑스러워서 미칠 것 같다. 이 세상 모든 고양이의 재능은 바로 '귀여움'일 것이다. 고양이는 대체 왜 그토록 귀여운 것일까.

그런데 과연 언젠가 고양이와 내가 함께 살 수 있는 날이 올까? 고양이를 기르면 매일이 행복할 것 같지만, 나는 내 스스로를 감당하기에도 벅찬 인간이라 어떤 생명을 기르는 일이 과연 나에게 가능한 일일까 싶다. 반려동물과 함께 산다는 것은 이 생명이 숨을 거두는 마지막 순간까지 곁을 지켜줘야 한다는 확고한 책임감이 필요한 일이기 때문이다. 나는 고양이를 귀여워할 줄만 알지, 내가 책임감이 있는 사람인지는 아직 잘 모르겠다. 고양이 피규어는 계속 수집할 생각이다.

버린 인형

열세 살 때쯤이었을까. 엄마가 지방에서 여행 다녀오는 길에 매우 요란한 생김새의 인형 두 개를 사 왔다. 하나는 알록달록 무지개색의 드레스를 입고 한 손에는 마이크를 든 하와이안 소녀 인형, 하나는 턱시도를 입고 트럼펫을 부는 아기 인형이었다. 두개 다 크기는 60센티 정도였고 발판 아래의 버튼을 누르면 엉덩이를 씰룩대며 경쾌한 노래를 불렀다. 그 모습을 바라보고 있으면 마음이 들뜨고 즐거워지는 인형들이었다. 평소에 이런 요란한 인형이나 물건을 잘 사지 않는 엄마였기에 의외였다. 엄마는 딱히 나에게 주려고 산 것은 아니고, 그저 재밌어서 샀다고 했다.

그러나 얼마 지나지 않아 엄마는 나에게 이렇게 말했다.
"이 인형들 너무 촌스럽고 공간 차지해서 이제 버리려고 하는데, 괜찮지?"
"그럴 거면 왜 샀어?"
"그냥 그때 기분 전환용으로 산 거지. 갖고 있을 만큼 갖고 있었으니까 이제 버리자."
"음… 꼭 버려야 해? 그냥 가지고 있으면 안 될까?"
"응. 버리자. 자리 차지해."
"음… 응…."
결국 인형들은 향기가 다 빠진 방향제마냥 지하 분리수거실에 버려졌다. 사실 나도 그 인형들에게 깊은 애정은 없었다. 엄마가 나를 위해 사 온 인형이라면 모르겠지만 엄마 스스로가 갖고 싶어서 산 거니 엄마의 인형이라는 인식이 더 강했기 때문이다.

하지만 아무래도 안되겠다 싶었다. 버리기엔 너무 아까웠다. 버리기엔 함께 보낸 시간이 너무 짧아 미련이 남았다. 결국 나는 몇 시간 후 그 인형들을 다시 찾으러 지하 분리수거실로 다급히 내려갔다. 하지만 그 인형들은 감쪽같이 사라져 있었다. 그 몇 시간 안에 누군가 주워간 것일까.

밀려드는 후회. 뒤늦게 후회해봤자 소용은 없었다.

버려진 인형

고등학교 1학년 때 쯤이었을까. 조소과였던 나는 동양화과 실기실로 놀러갔다가 어느 인형을 하나 발견했다. 크기가 조금 큰 여자 아기 인형이었다. 인형은 입을 벌리고 활짝 웃고 있었지만 온 몸이 피투성이었다. 분명 애들이 장난삼아 빨간 물감으로 칠했을 것이 뻔했다. 인형은 이사람 저사람 여러 손을 타고 돌았다는 것을 증명하듯 물감과 때가 덕지덕지 묻어 있었다. 아마도 동양화과에서 정물로 사용할 인형이었나 보다. 나는 동양화과 학생들에게 양해를 구하고 그 인형을 데려가겠다고 말했다. 나는 고등학교에서도 소문난 장난감 마니아였기에 동양화과 학생들은 그러려니 하며 이해해주었다. 집으로 인형을 데리고 온 나는 그 아이를 내 방 피아노 위에 장식해 두었다.

다음날 학교에서 늦게 돌아와 보니 피아노 위에 있어야 할 인형이 감쪽같이 사라져 있었다. 나는 가족들을 향해 다급하게 소리를 지르며 인형이 어디 갔냐고 물었다. 그러자 너무나도 태연한 아빠의 목소리가 돌아왔다.

"그 인형 기분 나빠서 버렸어."

"기분 나빠서 버렸다구? 그 인형을?"

"그래! 재수없게 너는 왜 그런 걸 주워 오니?"

"그렇다고 얘기도 없이 버리는 게 어디 있어!"

나는 목이 터져라 외쳤다. 하지만 아빠는 별 반응도 없었다.
"그 인형 언제 버렸어! 다시 가져올 거야!"
나는 교복도 벗지 않은 채 바로 지하 분리수거실로 내려갔다. 하지만 그곳에 인형의 모습은 보이지 않았다. 허탈함과 분노가 몰려왔다. 나는 씩씩거리며 다시 집으로 올라왔다.
"밑에 인형 없잖아!!!!!!"
"아빠가 새 인형 사주면 되잖아."
아빠의 말투는 나의 격앙된 목소리에 비해 너무나도 차분했다. 너무나도 아무렇지 않은 태연한 그 말투는 나를 더 허무하게 만들었다.
"그럼 똑같은 걸로 다시 사 줘!"
"알았어, 알았어. 사주면 될 거 아냐."

하지만 결국 아빠의 말은 지켜지지 않았다. 그리고 새 인형을 사준다고 해서 내 마음이 나아지는 것도 아니었다. 그렇게 그 인형은 너무나도 쉽게 버려졌다. 단지 재수없다는 이유로 그 아이를 내버린 아빠가 너무 미웠다. 피칠갑된 얼굴은 닦아주고 옷은 갈아입혀 주려 했는데… 진작 그러지 못한 것이, 버젓이 피아노 위에 올려 둔 것이 뒤늦게 후회가 되었다. 그 아이는 어디로 갔을까. 누군가 주워 갔을까, 아니면 소각장에서 불에 태워졌을까. 행방 모를 그 아이의 안녕 혹은 명복을 빈다.

새빨간 앵두 입술을 가진 아이

일본에서 유학하던 시절, 어느 인형 행사에 가게 되었다. 그곳에는 인형 작가들이 만든 다양한 인형 작품들이 전시되어 있었고 인형 옷이나 신발 등 다양한 인형 소품도 구입할 수 있는 행사였다. 나는 신나게 여러 부스를 구경하던 중, 내 심장이 쿠궁! 하고 울릴 정도로 귀여운 인형을 발견했다. 동그란 얼굴, 눈물을 머금은 듯 촉촉하고 커다란 눈망울, 작고 앵두 같은 빨간 입술. 아마 돈이 넉넉했다면 바로 그 자리에서 그 인형을 구입했을지도 모르겠다. 완전히 취향 저격을 당한 것이다. 하지만 나는 가난한 유학생이었을 뿐, 한국 돈으로 몇 십만 원 대의 그 인형을 구입할 수 있는 상황이 아니었다. 그 인형이 너무 귀엽고 예뻐서, 그저 계속 그 자리에 서서 인형을 넋 놓고 바라보고 있을 뿐이었다. 행사장 안에서는 사진촬영이 대부분 금지되어 있거나 부스 주인에게 허락을 받아야 촬영할 수 있다는 안내판이 여기저기 붙어 있어 함부로 인형 사진을 찍고 다닐 수 없었다. 그러나 도저히 그 인형은 그냥 보고 지나칠 수 없어 그 부스에서 계신 분에게 이 인형을 촬영해도 되는지 조심스레 물었다. 그러자 흔쾌히 촬영해도 괜찮다는, 그리고 자신이 직접 만든 인형이라는 대답이 돌아왔다.

나는 집으로 돌아와 그 인형 사진을 인화하고, 액자에 끼워 넣었다. 액자도 플라스틱 비즈로 예쁘게 꾸몄다. 이렇게라도 해 두니 그 인형을 소유한 것 같은 기분이 들었다.

　우리가 언젠가 또 만날 수 있었으면 좋겠다. 그때 만약 그 아이가 내 품에 들어온다면, 정말 소중하게 대해줄 수 있을 텐데. 너무나도 사랑스럽고 귀여운 외모의 그 인형이 아직도 뇌리에 박혀 있다.

생일 케이크

스물세 살의 생일 당일은 유학하고 있던 일본에서 한국으로 깜짝 귀국을 한 날이었다. 내가 친구들과 따로 약속을 잡지 않아서 그런 건지, 아니면 친구관계가 원만하지 않아서인지 모르겠지만 딱히 생일에 친구 여러 명이 모여 함께 놀 계획은 없었다. 그래서 그냥 집에서 조용히 생일파티를 하기로 했다. 나는 집에 들어가기 전 아이스크림 매장에서 겨울왕국의 엘사 케이크를 샀다. 엘사의 상반신은 피규어, 하반신은 아이스크림으로 되어 있는 케이크였다. 내 돈으로 내 생일 케이크를 사는 것이 아주 조금 서럽긴 했지만 예전부터 눈여겨보던 케이크를 드디어 먹을 수 있다는 사실에 설레었다. 과연 어떤 맛일까?

집으로 돌아와 보니 엄마와 오빠는 없었다. 아빠만 계셨다. 결국 아빠와 단 둘이서 생일파티를 하기로 했다. 아빠가 엘사의 하반신 부분에 여러 개의 초를 꽂고 불을 붙이니 마치 마녀의 화형식 같은 느낌이 들기도 했다. 그리고 나, 아빠 이렇게 단 둘이서 생일 축하 노래를 부르고 초도 불고 박수도 쳤다. 꺼진 초를 빼고 엘사의 하반신을 베어 먹으니 달짝지근한 체리쥬빌레 맛이 났다. 평소에는 그리 좋아하지 않는 맛이었지만 그날 먹으니 유독 맛있게 느껴졌다. 과연 엘사의 하반신에는 무엇이 있을까 하면서, 우리는 순식간에 아이스크림을 다 해치웠다.

그리고 결국, 하반신에는 아무것도 없다는 사실이 밝혀졌다. 엘사가 입은 드레스는 전부 아이스크림이었고 엘사의 상반신은 그 위에 올려져 있을 뿐이었다. 상반신 뿐인 엘사는 지금도 잘 보관하고 있다.

요즘 20대 여성 사이에서 인형이나 장난감이 장식된 케이크가 인기라는 기사를 읽은 적이 있다. 원래는 어린 아이들의 기호에 맞춘 케이크지만, 젊은 여성들이 생일인 친구를 '놀리기'위한 목적으로 이러한 인형 케이크를 구입해서 선물한다고 한다. 물론 인형을 좋아하고 예쁜 케이크를 원하는 사람도 있겠지만, 인형 케이크가 누군가를 놀리는 목적으로 사용되는 것이 나는 조금 의아하다. 만약 내가 생일날에 누군가로부터 인형 케이크를 불쑥 받았다면, 그 자리에서 감동의 눈물을 줄줄 흘렸을 지도 모르겠다.

그래서 다음 생일에는 콩순이 인형 피규어가 장식된 케이크를 먹을 생각이다.

돌발 자문자답 1

Q. 만약 처키나 애나벨을 만나면 어떻게 할 거야?

A. 인형에 붙은 악령은 성당이나 절에 가서 떼어 내고 인형은 아주 소중하게 잘 대해 줄 거야.

ⓒ Child's Play

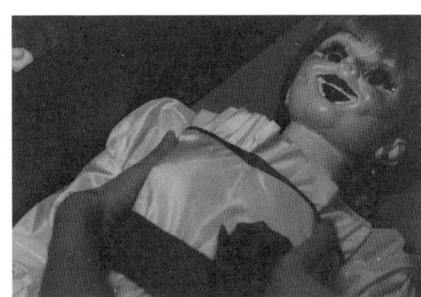
ⓒ Annabelle

지구마을, 그들은 어디로

에버랜드에 '지구마을'이라는 어트랙션이 있었다. 세계 각국의 인형들이 춤을 추고, 그 인형들 사이로 배를 타고 지나다니며 구경하는 놀이기구다. 기억이 흐릿하지만 어릴 적에 타본 적이 있는 것 같다. 당시 인형들로 둘러싸인 나는 매우 짜릿한 기분이었고, 운행이 영원히 끝나지 않기를 바라던 기억이 난다. 배에서 내려 그곳을 구석구석 다 보고 싶었고, 정말 그 어트랙션 전체를 다 갖고 싶었다.

그리고 얼마 전, 다시 지구마을에 가보기 위해 검색창에 '에버랜드 지구마을'을 검색했더니 '지구마을 폐장'이라는 제목의 게시물들이 눈에 들어왔다. 알고 보니 지구마을은 2015-6년쯤 폐장되었다고 한다. 아아, 진작 갈 걸…. 이래서 가야하는 곳은 바로바로 다 가봐야 한다. 그런데 그 안의 인형들은 다 어디로 갔을까. 다 철거되었을까. 미리 알았더라면 그 인형들을 내가 데리고 왔을 텐데(누구 맘대로?). 너무 아쉽다. 뒤늦게 아쉬워해봤자 달라질 건 없겠지만….

이미지 출처
blog.naver.com/sy1390/220301082436

털복숭이 인형 커플

열 살 때쯤이었을까. 가족여행으로 태국에 가게 되었다. 이곳 저곳을 다니던 중 어느 관광지의 노점에서 인형 열쇠고리를 파는 것을 발견했다. 그것은 갈색 털로 뒤덮인 정체 모를 인형으로, 머리에 리본을 단 것은 여자, 그렇지 않은 것은 남자였다. 여자 인형 하나만 갖고 싶었지만 남자 인형과 함께 세트로만 판매한다고 했다. 당시 한국 돈으로 두 개에 천원 정도였기에 그냥 둘 다 샀다.

인형들을 만지작거리다보니 저절로 털이 걷혔다. 충격적이게도 그 수북한 털 아래에는 살색의 피부와 꽤 충실하게 재현한 여성의 성기와 남성의 성기가 있었다. 심지어 체모까지 있어 꽤 그럴듯해 보였다. 그것을 본 나와 가족들은 모두 당황해서 꺼림칙한 마음에 인형들을 환불하려 했지만 노점은 이미 사라져 있었다. 어쩔 수 없이 갖고 있기로 했다.

그리고 태국에서 귀국하여 집으로 돌아온 후, 그 인형들을 다시 꺼내보려 했으나 아무리 찾아도 보이지 않았다. 친한 친구가 선물로 준 만화책도 인형들과 같이 비닐 봉투에 넣어두었는데, 아마도 봉투째로 공항에 놓고 온 것 같았다. 공항에 전화해 봐도 찾지 못했다는 답변이 돌아왔다. 상실감에 빠진 나는 엄마 품에 안겨서 꽤 오랫동안 목 놓아 울었다. 너무 울어서 머리가 어질어질한 와중에 성기가 달린 두 인형 커플이 계속해서 아른거렸다.

택배 기사님께

우리 집 현관문 옆에는 작은 창고가 있다. 택배를 주문할 때 기사님께 항상 써 두는 말이 있다.
'직접 전달하지 마시고 현관문 옆 창고에 넣어 주세요.'
자꾸만 장난감을 사는 것을 들키면 부모님으로부터 잔소리를 들을 것이 뻔하기 때문이다. 집으로 들어가기 전, 창고에서 택배상자를 조심스레 꺼내어 가방에 넣고 집안으로 입장. 방문을 닫고 옷을 갈아입기도 전에 설레는 마음으로 택배상자를 뜯어 안에 든 것을 꺼내 든다. 그리고 그토록 기다렸던 새 장난감을 흡족한 마음으로 감상한다. 그리고 장난감들이 모여 있는 곳에 예전부터 있었던 듯이 슬쩍 올려 둔다.
그러나 엄마는 새로 산 장난감을 귀신같이 알아차리시고는 "그거 언제부터 있었니?" 하고 눈치를 준다.

아, 갑자기 아내에게 고가의 프라모델을 산 것을 들키지 않기 위해 판매자에게 '이벤트 경품 당첨을 축하드립니다' 라는 문구가 인쇄된 종이를 박스에 붙여달라고 부탁했던 한 남자의 일화가 떠오른다.

뜻밖의 선물

어느날 갑자기, 한국이든 일본이든 어느 나라든 그 나라의 전통적인 색채가 물씬 묻어나는 전통 인형이 갖고 싶어진 나는 중고로운 평화나라에서 '전통인형'을 검색했다. 그러다 한국 전통 인형 세 개를 저렴한 가격에 판매한다는 판매글을 발견했다. 인형들은 인사동이나 관광지에서 보이던 인형이었는데, 평소에 기회가 되면 구입하고 싶었던 인형이었다. 몇 달 전의 게시물이었지만 지금도 인형을 판매하는지 판매자에게 연락을 취했다. 그러자 '그냥 착불로 가져가세요~' 라는 답변이 돌아왔다. 아마도 인형이 그에게는 애물단지였나 보다.

얼마 후 택배를 받았다. 세 개의 인형 이외에도 누더기 한복을 입은 못난이 인형이 하나 더 딸려왔다. 착불로 주신 것만으로도 감사한데 생각지도 못한 덤이라니. 나는 감사한 마음에 판매자에게 음료 쿠폰을 보냈다. 별 것도 아닌 답례였는데 판매자는 마음써주셔서 감사하다며 매우 고마워했다. 비록 서로 얼굴도 모르지만 이렇게 착한 판매자를 만나면 마음이 뜨끈뜨끈해지면서 아직 대한민국은 살 만 하다고 느낀다.

크리스마스 선물

　다섯 살 때쯤이었을까. 크리스마스 이브날, 평소에 그리 착한 아이도 아니었으면서 산타할아버지로부터 과연 어떤 선물을 받을지 두근거리며 잠들었다. 얼마나 잤을까. 아직 동이 트지 않은 새벽에 부모님이 급히 나를 깨우셨다. "산타가 선물 주고 가셨어!"
　비몽사몽한 상태로 트리가 있는 곳으로 가보니 여러 개의 인형들이 든 가방이 놓여 있었다. 감사하고도 야속한 산타 할아버지, 인사라도 해 주고 가시지. 인형은 바비 인형과 비슷한 마론 인형이었지만 조금 더 키가 작았고, 머리가 컸다. 일본, 중국, 미국, 네덜란드, 스위스 등등 다양한 나라의 인형들이 열 개 조금 안되게 들어 있었다. 산타할아버지는 어쩜 이렇게 내 취향을 저격하고는 재빨리 다른 아이에게 가 버리신 걸까. 갑자기 예쁘고 많은 인형들이 생겨 행복하고 기뻤다. '매일이 크리스마스 같다면 좋을 텐데.'
　그 후로도 나는 그 인형들과 비슷하게 생긴 인형을 보지 못했다. 이런 희귀한 인형을 대체 산타는 어디서 어떻게 얼마를 주고 구입한 걸까? 집에 계신 산타 두 분에게 여쭤보았지만 전혀 기억하지 못하신다.

풍선

　　일곱 살 때쯤이었을까. 외할머니 댁에 갔다가 금발의 예쁜 공주가 그려진 커다란 헬륨 풍선을 선물 받았다. 누가 선물해 주었는지는 잘 기억이 나지 않지만, 나는 그 풍선을 가지고 마당에서 혼자 열심히 놀고 있었다. 그러다 풍선에 달린 플라스틱 손잡이가 분리되었고, 족쇄가 풀린 풍선은 두둥실 떠오르더니 하늘로 천천히 날아갔다. 방방 뛰며 풍선을 잡으려고 해도 소용은 없었다. 풍선은 나를 비웃듯 푸른 하늘로 높이 높이 올라갔다. 그러다 어느 지점에서 딱 멈추었다. 거기까지가 대기권이었을까.

　　눈물도 나지 않았다. 저 높이 까만 작은 점이 된 풍선을 바라보며 나는 허탈함에 잠시 멍하니 서 있었다. 그랬구나, 너는 나보다 하늘이 좋았던 거구나. 계속 하늘로 가고 싶었던 걸 여태 꾹 참고 있었던 거구나.

　　그냥, 그렇게 생각했다.

결혼까지 생각했어

 일고여덟살 때였을 것이다. 같은 아파트 이웃 중에 매일 같이 놀던 또래의 남자아이가 있었다. 만화 캐릭터처럼 땡그란 눈과 독특한 발상과 화법을 가진 재미난 아이였다. 그 아이의 아주머니도 나를 매우 예뻐해주셨고, 그 아이와 나는 매일 매일 함께 그림을 그리고 인형 없는 소꿉놀이를 하며 놀았다. 우리의 소꿉놀이는 그 아이가 가지고 있던 마론인형 사이즈의 인형 그릇과 주방기구, 음식 소품으로 엄마 아빠 놀이를 하는 것이었다. 그리고 얼마 후 그 아이로부터 그것들을 전부 선물받기도 했다. 우리는 죽도 잘 맞고 싸우지도 않는 찰떡궁합의 어린이 커플이었다.
 "너 나랑 어른 되면 결혼할 거지?" 한참 소꿉놀이를 하던 도중 내가 불쑥 묻곤 했다.
 "응. 당연히 해야지." 그 아이가 대답했다.
우리는 매일 그렇게 장난감 앞에서 서로의 어린 사랑을 맹세했다.

 초등학교 고학년이 되고 나서 내가 같은 동네의 다른 아파트로 이사하게 된 후로 우리는 학교에서 마주치면 인사만 하는 사이가 되었다. 그리고 내가 완전히 다른 동네로 이사를 가게 되면서 우리는 더 이상 어린이 커플도, 학교 친구도, 이웃 주민도 아니게 되었다.
 고등학생이 된 나는 외삼촌 댁에 가는 김에 오랜만에 다시 그

동네를 찾았다. 그리고 연락도 없이 불쑥 그 아이의 집으로 찾아가 초인종을 눌렀다. 그러자 그 아이의 아주머니는 깜짝 놀라며 나를 반갑게 맞아주셨다. 아들이 마침 학원에서 돌아오는 길이니 조금만 기다리라고 하시기에 나는 거실에 어정쩡하게 앉아 있었다. 아주머니는 무턱대고 찾아온 나에게 찐만두를 내어 주시고 과일도 깎아주셨다. 그리고 얼마 후 그 아이가 집으로 돌아왔고 나는 집으로 돌아가기로 했다. 아주머니는 아들에게 나를 역까지 데려다 주고 오라고 하셨는데 서로 오랫동안 만나지 않은 탓에 나도 그리 내키지 않았고 그 아이도 그리 내키지 않아 보였지만 일단 같이 집을 나왔다.

같이 걷는 동안 우리 사이는 어색 그 자체였다. 그 어색함을 견딜 수 없었던 나는 몇 걸음 지나지 않아 이제 혼자 갈 수 있다고, 집으로 들어가도 된다고 말했다. 그 아이는 알았다고 말하며 집과 다른 방향으로 걸어갔다.

짧은 손가락으로 둘이서 결혼을 약속한 때로부터 너무 오랜 시간이 지났다. 그 아이로부터 받은 소꿉놀이 장난감들은 그대로 있지만, 우리는 서로 각자의 인생을 살아왔고, 살아갈 것이다. 그래도 나는 어린 시절의 소꿉친구로서 그 아이와의 추억을 절대로 잊지 못할 것이고 앞으로도 안녕과 행복을 기원할 것이다.

이구아나

    초등학생 때 이구아나를 길렀던 적이 있다. 4학년 때 쯤이었을 텐데, 아침에 일어나보니 이구아나 두 마리가 덜컥 내눈 앞에 있었다. 아빠와 오빠가 엄마와 나의 동의도 없이 분양해 온 것이었다. 오빠와 나는 이구아나를 한 마리씩 맡아 기르기로 하고 각자의 이구아나에게 이름을 지어주었다. 오빠의 이구아나는 '구리구리', 내 이구아나는 '구나'. 그들의 성별은 지금도 모른다.

    이구아나는 내가 중학생이 되기 전까지 키웠는데, 결과적으로 구리구리는 먼저 병으로 세상을 떴고 구나는 가출했다. 모두 우리가 제대로 돌보지 못한 탓이다. 책임감 없는 오빠는 도중에 이구아나의 관리를 모두 나에게 떠넘겼고 두 마리 모두 내가 돌보게 되었다. 돌이켜보니 그 시절의 우리에게는 아직 동물을 정성껏 돌보아야 한다는 인식과 책임감이 부족했다. 시간이 흘러 중학교 입시에 바빠진 나도 이구아나를 주의깊게 돌보지 못하게 되었고 부모님은 이구아나를 잘 돌보지 못하는 나를 타박할 뿐이었다. 결국 이구아나 두 마리는 무책임한 우리 가족 곁을 떠나갔다.

    얼마 전, 어느 잡화점에서 이구아나 고무 모형을 발견했다. 사진 한 장 남기지 못한 구나와 구리구리가 생각나 두 개를 샀다. 그래, 나는 동물을 키울 자격이 없다. 밥 안 줘도 되고 아프지도 않고 병원에 안 데려가도 되는 모형이나 두는 게 낫다. 나 같은 인간은.

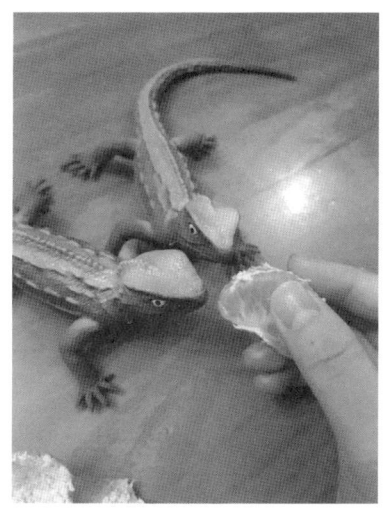

113

돌발 자문자답 2

Q. 인형을 좋아하니 인형뽑기도 곧잘 할 것 같은데.

A. 아예 하지 않는다. 머신 안에 있는 인형들은 대부분 솜인형이고, 나는 솜인형에는 큰 흥미가 없다. 그리고 기계를 다루는 손재주나 요령이 아예 없어서 내 손으로 인형을 뽑아본 적이 단 한 번도 없다. 상품이 잘 뽑히지 않도록 일부러 기계를 조작하는 가게도 많다고 들었다. 그래서 인형은 그냥 돈 주고 사는 게 속편하다. 나는 요행을 바라지 않는 편이라 복권도 사 본 적 없다. 왠지 나에게 요행이란 없을 것 같다.

요술봉

마법의 주문을 외우며 요술봉을 휘두르면 마법의 파장이 일어나 입고 있던 옷이 저절로 예쁜 소녀전사의 복장으로 바뀌고, 무자비한 적도 무찌를 수 있는 힘이 생긴다. 대표적인 마법소녀물의 마법의 주문은 다음과 같다.

세일러문 - 달빛의 요정이여! 빛으로 압!
세일러문 일본판 - 문 프리즘 파워! 메이크 업!
웨딩피치 - 웨딩피치 사랑의 꽃이여! 사랑의 천사 피치!
천사소녀 네티 - 루루팡 루루피 루루 압!
카드캡터 체리 - 어둠의 힘을 지닌 열쇠여. 진정한 모습으로 내 앞에 나타나라. 너와의 계약에 따라 체리가 명한다. 봉인 해제!

유치원에 다니던 시절, 세일러문을 알기 전까지는 웨딩피치라는 만화영화에 완전히 매료되어 있었다. 웨딩피치는 주인공들도 참 예뻤지만 특히나 요술봉의 생김새가 예술이었다. 주인공인 웨딩피치의 요술봉은 커다란 크리스탈(플라스틱) 구가 달려 있었는데(서울랜드의 동그랗고 거대한 구조물이 떠오르기도…)그 당시에도 인기가 폭발적이어서 어느 문구점을 가도 다 팔리고 없어 실물을 보기도 매우 힘들었던 기억이 난다. 붉고 커다란 하트 모형이 박힌 천사의 거울도 매우 예뻤는데, 너무 갖고 싶어서 친구에게 며칠간 빌린 적도 있다. 웨딩피치의 요술봉 시리즈 중 내 손에 들어온 건 웨딩릴리의 요술봉이었다. 둘째 외삼촌이 사주신 걸로 기억하는데, 예쁘고 깜찍한 웨딩피치의 요술봉과는 다르게 길쭉한 막대기 형태라 조금 덜 예뻤지만 웨딩피치의 주인공 중에서 가장 좋아했던 캐릭터가 릴리였기에 잘 가지고 놀았다. 지금도 기억난다, 손에 쥐고 붕붕 흔들거나 버튼을 딸깍 딸깍 누르던 촉감. 제일 예쁘지 않은 건 웨딩데이지의 요술봉이었는데, 다른 요술봉에 비해 길이가 짧고 가운데에 이질적인 가짜 꽃이 달려있던 것이 영 별로였다. 그리고 데이지는 머리가 짧고 성격도 우악스럽고, 또 이름이 '돼지'와 발음이 비슷해서 다른 캐릭터보다 인기가 낮았던 것으로 기억한다.

그런데 그 웨딩릴리 요술봉을 내가 어떻게 했더라. 나중에 지겨워져서 버렸던가. 아니면 엄마가 나 모르게 버렸나. 언제 어디서 없어졌는지도 모르지만 이제 와서 그 요술봉이 너무 그립다. 어떻게든 꼭 다시 손에 넣고 싶다. 간수 좀 잘 할 걸. 이렇듯 소중한 건 시간이 지나야 깨닫는 법이다.

몇년 전부터 일본에서 세일러문과 천사소녀 네티의 요술봉이 재판매되고 있는 것을 보았다. 요술봉이 가장 예쁜 건 웨딩피치인데 왜 아직도 복각되지 않는 걸까. 나처럼 웨딩피치의 요술봉을 그리워하는 사람이 한둘이 아닐 테니 웨딩피치 시리즈도 얼른 다시 출시되었으면 좋겠다. 가격이 얼마건 무리해서라도 꼭 다시 사고 싶다.

어릴 적, 윗층에 못된 언니가 있었다면 몇 층 더 위에는 착한 언니가 있었다. 그 언니는 안경을 끼고, 흰 피부에 마른 몸집의 언니였다. 윗집의 못된 언니와 같은 나이인데도 성격은 정반대로, 매우 다정했고 나와 곧잘 놀아주었다. 언니 집 거실에서 둘이 함께 웨딩피치 만화영화를 비디오로 틀어놓고 같이 마법의 주문을 외우고 요술봉을 휘두르는 놀이는 세상에서 가장 즐겁고 행복한 놀이였다. 나는 매일 그 시간만 기다렸다.

　그러다 내가 이사를 가게 되면서 언니와 인사도 제대로 못하고 헤어졌다. 언니와 즐겁게 놀았던 순간은 기억에 남아있지만 헤어짐이 기억에 없다. 그 후로 그 언니와는 다시는 연락도, 만남도 갖지 못했다. 지금까지도 나는 가끔 그 언니를 떠올리며 그리워하곤 한다.

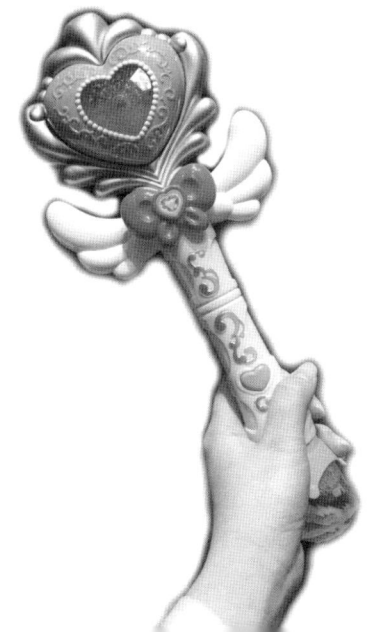

완구거리

　　동묘앞역 6번출구에서 나와 샛길로 들어가면 장난감으로 가득한 풍경이 펼쳐진다. 바로 장난감 도매 시장인 창신동 완구거리다. 이곳은 문구류부터 슬라임, 인형, 장난감 자동차 등을 도매로 판매하는 많은 장난감 가게가 길게 늘어서 있고 정신을 차려보면 장난감들이 양손에 두둑하게 들려 있다. 이렇듯 매우 위험한 곳이니 지갑을 잘 지켜 두어야 한다. 정품을 베껴 만든 카피 제품도 많고, 도매시장이다 보니 세트로만 판매하는 경우도 있다. 도매시장인 만큼 다른 곳보다 조금 더 저렴한 편인데, 여러 개를 사고 사장님께 애교를 부리면 간혹 흥정도 가능하다.

　　그런데 이 거리에는 X가지 없기로 소문이 자자한 어느 장난감 가게가 하나 있다. 온라인 장난감 커뮤니티에는 그곳에서 받은 상처를 하소연하는 글들이 꽤 보인다. 너무 서러워서 그 자리에서 울었다는 사람도 있었다. 그 이유에는 그 가게에 유독 구하기 힘들고 희귀한 장난감이 많아 주인의 콧대가 매우 높아졌기 때문이라고 추정된다. 물론 가게의 사정도 있겠지만, 가게에 찾아온 사람을 울렸다는 것은 매우 충격적이었다.

　　완구거리에 온 김에 직접 그 가게에 들어가 보았다. 예상한 대로 어린 시절의 향수를 자극하는 오래된 장난감들이 쌓여 있었고 어릴 적에 정말 갖고 싶어했던 마론인형들이 많이 보였다. 그리고 가게 안 여기저기에는 '절대로 만지지 말고 주인에게 물어보세요' 라는 글씨가 쓰여져 있었다. 그것을 본 나는 가게 주인에게 어느 마론 인형의 가격을 물었다. 그러자 "그거 비싼데." 라는 퉁명스러운 대답이 돌아왔다. 아, 역시 인터넷에서 본 대로다. 기분이 나쁜 걸 떠나 뭔가 웃겼다. 장사를 할 생각이 없는 걸까? 나는 결국 더 보지도 않고 그 가게를 나왔다.

가게에 희귀한 인형들이 아직 많이 남아 있는 것은 부르는 게 값이고, 찾아온 사람들에게 냉담하게 대해서겠지. 정찰제도 아닌 것 같으니 높은 가격을 제시하는 사람들에게는 옳다구나 하고 판매할 게 뻔했다. 나는 그 가게 안에서 봉인된 채 퀘퀘히 먼지만 쌓여가는 인형들이 불쌍했다. 그것은 못된 마왕의 보석함에 오랜 시간동안 갇힌 요정들을 보는 느낌이었다.

나는 다른 가게들을 둘러보며 장난감을 하나씩 골랐다. 역시나 이번에도 정신을 차려보니 양손 두둑, 지갑은 텅텅. 이러니 나는 일부러 이곳을 자주 찾지 않는다. 이곳에서의 결말은 '탕진'이기 때문이다. 아, 이 글을 쓰고 있으니 다시 창신동 완구거리에 가고 싶어졌다. 아무래도 안 되겠다. 조만간 다시 가 봐야할 것 같다.

쿠비

갓 초등학생이 된 때였다. 하교길에 학교 앞에서 누군가가 책받침을 배포하고 있었고, 나도 덜컥 그것을 받았다. '쿠비'라고 하는 이름의 장난감 홍보용 책받침이었다. 쿠비는 커다란 눈에 노랗고 동그란 부리를 가진, 새 같기도 하고 부엉이 같기도 한 털 인형이었고 로봇이라고도 소개되어 있었다(지금 생각해보니 퍼비*의 모조품이었던 것 같다). 풍부한 속눈썹이 달린 눈을 깜빡깜빡 움직이고, 입에 전용 스푼을 갖다 대면 쩝쩝 소리를 내며 먹는단다. 그리고 특정 언어를 쿠비에게 말하면 주인과 대화도 가능하다고! 나는 그것을 부모님에게 졸라 결국 어린이날 선물로 받아 냈다. 그리고 아끼며 키웠다.

그리고 얼마 후, 반에서 가장 장난이 심한 남자아이와 어쩌다 친해져서 우리 집에 데려오게 되었다. 그 아이는 쿠비에게 눈독을 들이면서 가지고 놀더니, 속눈썹을 눈 아래쪽으로 끼워버렸다. 그런데 아무리 속눈썹을 빼내려고 안간힘을 써도 눈은 다시 떠지지 않았다. 엄마와 아빠가 다시 그 눈을 고치려고 해도 고쳐지지 않았다. 나는 영영 눈을 감아버린 쿠비를 붙잡고 집이 떠나가라 통곡했고 엄마와 아빠는 그 친구를 급히 집으로 돌려보냈다. 좋게 말해서 돌려보낸 것이지 거의 쫓겨났다는 표현이 맞을 지도 모르겠다.

결국 다시는 눈을 뜨지 못한 쿠비는 마치 동물의 사체 같아서 더 이상 가지고 놀기가 꺼려졌고, 뒤늦게 A/S를 맡기려고 했지만 아무리 전화를 걸어도 쿠비의 제조사는 전화를 받지 않았다. 결국 쿠비는 버려졌다.

이 글을 쓰다 쿠비가 보고 싶어져서 인터넷에 검색해보았지만 그 어떤 정보도 보이지 않았다. 결국 비슷한 생김새의 퍼비를 두 마리 구입하기로 했다. 요즘 퍼비는 제 4차 산업혁명 시대에 맞게 눈이 모니터 화면으로 되어 있어 불빛도 나고 아이콘도 떠오르게 되어 있다. 어린 시절 아무 생각 없이 떠나보낸 쿠비를 기억하며, 새로운 퍼비들을 맞았다.

*퍼비 - 타이거 일렉트로닉스에서 1998년에 출시된 장난감으로, 털복숭이에 부엉이와 비슷한 생김새를 갖고 있으며 퍼비들만의 언어로 대화하는 것이 특징이다. 타이거 일렉트로닉스는 이후 해즈브로와 합병하였고 이제 퍼비는 해즈브로의 장난감이 되었다.

기념품 인형

부모님이 해외로 출장이나 여행을 다녀오시게 되면 나는 기념품으로 꼭 그 나라의 인형을 사 달라고 부탁한다. 그리고 귀국하여 집으로 돌아오신 부모님에게 잘 다녀오셨냐는 말보다 "인형은?" 하고 묻는 못난 딸, "아...! 깜빡했네." 하면서도 결국 등 뒤에서 인형을 스윽 꺼내는 부모님. 부모님은 항상 안 된다고 하면서도 결국 하나씩 사오셨다.

중국 소수민족 인형, 일본 전통인형, 체코의 피노키오 인형, 마트료시카 인형, 우즈베키스탄 인형, 오스트리아 인형, 아프리카 부족 인형, 인디언 부족 인형… 세계여행을 다녀오지 않았지만 나는 이렇게 여러 나라의 전통인형을 소장하고 있다. 이런 인형들은 거실 한쪽에 있는 장식장 안에 고이 보관하고 있는데, 아무래도 먼 곳에서 왔으니 다른 인형보다 좀 더 귀하게 여겨지고 대부분 인형 장인이 직접 손으로 만든 것이라서 다루기에 까다롭기 때문이다.

앞으로도 계속해서 세계 각국의 전통인형을 조금씩 수집할 계획이다. 아무래도 일본으로 자주 가다 보니 지금 나에겐 일본 전통인형이 가장 많은데, 언젠가 다시 기회가 된다면 인형 문화가 발달한 독일이나 프랑스로 인형 여행을 떠나보고 싶다. 자연적인 특색이 물씬 묻어나는 동남아 인형도 더 수집하고 싶고 말이다.

내가 만든 인형

　가끔 주변 사람들로부터 '미술도 오래 했고 대학도 조각과로 나왔는데 직접 인형을 제작할 생각은 없는지'에 대한 질문을 받곤 한다. 물론 나도 인형을 만들어 본 적은 있다. 대학 졸업 작품으로 만든 것이었는데, 얼굴 생김새는 아기 인형을 본떠 만들었고 몸체까지 실제 사람 크기로 네 개를 만들었다. 작품명은 '나른나른 시리즈'로 명명했다. 인형들은 모두 드러누워 있는데, 작품 의도는 바쁜 현대인들이 모두 잠시 아기인형이 되어 아무 생각 없이 잠을 자자, 또는 휴식을 취하자는 것이다. 그러나 보는 사람마다 휴식은 뒷전이고 인형들의 분위기가 오싹하다며 무서워했다. 그리고 인형의 얼굴 부분을 자세히 보면 마감이 잘 되지 않아 울퉁불퉁하다. 사포질하기가 귀찮았던 탓이다. 그리고 성분 조절을 잘 못한 탓에 머리는 돌덩이처럼 무겁다. 교수님은 이건 작품이 아니라 그저 인형일 뿐이라며 졸업전시 성적 중 가장 낮은 성적인 C+을 때려버리셨다. 결론적으로 나는 예술적 감각도 없고 미술적 끈기도 없고 손재주도 없다는 얘기. 결국 나른나른 시리즈 인형들은 시골집 창고의 박스 안에 봉인해버렸다.

　그 다음 학기에는 야외에서의 전시를 목적으로 설치 작품을 제작하는 '야외조각' 수업이 있었다. 이제는 더 이상 지난번과 같은 뻘짓(?)을 돌이키고 싶지 않았던 나는 세모 모양의 커다란 아크릴 구조물을 주문제작한 후 장난감을 마구 때려넣었다. 딱히 내가 무언가를 제작해야 하는 작업은 없었다. 이것은 일종의 반항이었다. 더 이상 나는 미술을 하고 싶지 않다고, 미술이 뭔지도 더 이상 알고 싶지 않다고.

아무튼 나는 당장 인형을 만들고 싶은 욕구는 없고 지금 하는 일에 집중하고 싶다. 그래도 남이 만든 인형보다는 직접 내 손으로 빚고 탄생시킨 인형이 내 자식처럼 더 정감이 가고 애틋하겠지. 나중에 나이 들어 노후를 보낼 때, 충분한 시간을 갖고서 가끔은 인형을 직접 만들어 볼 생각이다. 지금은 글을 쓰고 책을 만드는 작가, 그때는 전공을 살린 인형작가여도 괜찮을 것 같다.

〈나른나른 시리즈〉 2015

화형식

일본에서 유학하던 시절, 나보다 몇 살 어린 일본인 남자친구를 사귀었던 적이 있다. 우리가 사귀기 직전, 한창 썸을 탈 때 그가 나에게 주고 싶은 인형이 있다며 나에게 연두색 우비를 입은 엘모 인형을 불쑥 건네주었다. 인형을 받으며 어디서 산 것인지 묻자 고등학생 때 수학여행으로 갔던 오사카의 유니버설 스튜디오에서 샀다고 했다. 그때 왜 샀냐고 묻자 그냥 기념품으로 별 의미 없이 샀다고 했다. 왜 나에게 주냐고 묻자 이젠 필요가 없고 내가 장난감을 좋아하니 주는 것이라고 했다. 비록 필요가 없어져서 주는 것이겠지만 그가 나에게 인형을 선물해 준 것이 매우 기뻤다. 나는 그 이후로 인형을 그의 분신이라고 생각하며 아꼈다.

그리고 우리 사이는 사귄지 5개월 만에 허무하게 끝이 났다. 내가 유학을 마치고 한국으로 돌아온 지 몇 달 지나지 않아 그에게로부터 메신저로 이별을 통보받은 것이다. 장거리가 되면서 마음이 멀어졌다나 뭐라나. 처음에는 그 사실을 도저히 받아들이기 힘들고 납득이 되지 않아 그에게 전화를 걸어 헤어지기 싫다고 엉엉 울면서 매달리기도 했다. 하지만 그의 떠나간 마음 앞에서 울며불며 추태를 부려봤자 달라질 것은 없었고, 결국 나도 이별을 받아들일 수밖에 없었다. 내 스물네 번째 생일을 며칠 앞두고 벌어진 일이었고 나는 눈물의 생일을 보내야 했다.

그리고 며칠 후, 나와 그의 관계를 처음부터 끝까지 지켜봐 온 친한 친구를 불러 '화형식'을 거행하기로 했다. 그가 나에게 줬던 편지와 그 엘모 인형을 불태우기로 한 것이다. 찌질한 놈, 몇 개월 동안 연애하면서 준 게 편지 하나와 인형 하나라니. 건물 뒤편 공터에서 우리는 쪼그려 앉아 인형과 편지를 바닥에 내던지고는 라이터로 불을 붙였다. 편지와 인형은 연기를 뿜으며 금방 까맣게 타들어갔다. 그리고 몇 분 후, 형체도 사라진 재만 남은 것을 보니 조금은 후련해졌다. 그를 잊을 용기가 생긴 것 같았다.

아무리 사소한 장난감이라도 함부로 버리지 않고 소중히 간직하는 나지만, 태어나서 처음으로 인형에 불을 붙였다. 인형은 잘못이 없지만 그 인형은 나에게 있어 먼 거리에 있는 그가 보고 싶을 때마다 매만지던 분신 같은 존재였다. 이미 다 끝이 난 마당에 그런 것 따위 가지고 있어봤자 그를 다시 떠올리게 하는 매개체밖에 되지 않으므로 과감히 태워 버리는 편이 나았다. 그 이후로는 시간이 잘 해결해 주었다.

그 후로 몇 달 후, 이미 XX-boyfriend가 된 그로부터 뜬금없이 메시지가 왔다.
'잘 지내? 나 한국에 왔어.' (선글라스를 낀 재수없는 이모티콘도 함께였다)
'뭐 어쩌라고. 겁나 매운 매운탕이나 먹고 니네 나라로 꺼져' 라고 한국어로 답장을 보낼까도 싶었지만 구차해 보이기도 하고 무시가 최고인 것 같아 그냥 아무런 답장도 보내지 않았다.

인형놀이

    어린 아이들의 인형놀이는 대개 인형 옷을 갈아입히거나 인형 몸체를 잡고 움직이며 이야기를 쫑알쫑알 나누는 것이다. 혼자서도 양손에 두 인형을 하나씩 쥐고 서로 대화시키며(복화술을 시전하며) 놀 수 있고, 둘이서는 더욱 원활하게 놀이를 할 수 있다(가끔 다툼도 일어난다). 일반적으로 인형놀이라고 하면 인형을 움직이며 인형극을 하는 것으로 생각한다.

    나이를 조금 먹고 난 후의 인형놀이는 더 이상 인형극을 하지 않는다는 것을 제외하고는 크게 다를 바가 없는 것 같다. 나만의 인형놀이는 가끔 인형들을 상자에서 꺼내 상태를 체크하는 것, 얼굴 때를 닦아 주는 것, 인형의 옷을 갈아입혀 주는 것, 그리고 인형의 포즈를 잡고 사진을 찍는 것이다.

    그리고 나와 취미가 비슷한 지인들과 가끔 날을 잡고 각자의 인형들을 들고 모이기도 한다. 여러 명이서 인형놀이를 하는 모습은 대략 이렇다. 인형들을 전용 이동가방에서 꺼내어 테이블 위에 쭉 나열하고, 사진을 찍고, 서로 옷을 바꿔 입혀주기도 하고, 또 인형 옷이나 소품에 대한 정보나 신상 인형 정보를 공유한다. 이렇게 우리들끼리 신나게 놀고 있다 보면 가끔 사람들의 힐끔거리는 시선이 느껴진다. 딱히 상관없다. 남한테 피해 안 끼치고 우리만 즐거우면 그만이니까. 그리고 인형놀이가 조금 질렸다 싶어지면 이제 각자 사는 이야기를 나눈다. 연애, 결혼, 일⋯ 가끔 다같이 장난감 매장으로 가서 함께 구경을 하며 신제품에 대한 의견을 나누기도 한다.

...사실 가끔 우리끼리 인형극도 하긴 한다.

엄마의 착오

중학생 시절, 중간고사 기간에 지쳐 축 처진 시금치 같던 나에게 엄마가 말했다.
"기운 내서 공부를 더 열심히 하라는 의미로 엄마가 마트에 가서 인형 하나 사 줄게."
아니, 우리 엄마가 갑자기 웬일이지? 이게 웬 떡이냐! 갑자기 기운이 생긴 나는 샤프를 내던지고 방방 뛰며 엄마와 마트로 향했다. 나는 싱글벙글대며 마트의 인형 코너에서 바비와 바비의 빨간 자동차를 골랐다. 개별의 인형과 자동차가 묶인 특별 기획 상품이었다. 여태 인형 자동차가 없었기에 이번 기회에 들일 수 있었고, 인형도 하나 더 생겼다.
"인형 가지고 논다고 공부에 소홀히 하면 안 된다."
엄마는 나에게 엄중히 주의를 놓았다. 하지만 집으로 돌아온 나는 방문을 닫고 몰래 그 인형과 자동차를 구경하느라 공부는 뒷전이었다. 새 인형과 새 자동차가 생겼는데 어떻게 안 보고 배기겠어! 결국 다음날 시험은 잘 치르지 못했다.

몇년 후, 수능 D-day 100일을 앞두고 시험 압박에 시달리던 나에게 엄마가 말했다.
"기운 내라는 의미로 인형 하나 사 줄게. 이거 받고 공부 더 열심히 해서 꼭 원하는 대학에 가야 된다." (사람은 같은 실수를 반복한다) 나는 평소에 갖고 싶었던 '바비 헤어 놀이 세트'를 주문했다. 바비의 얼굴이 어린아이 크기 만하고 몸체는 어깨까지만 있는, 일반적인 바비인형과는 다른 인형이었다. 그러나 결과적으로 나는 고3 현역 때 지원한 모든 학교에 떨어지고 어쩔 수 없이 재수를 하게 되었다. 열심히 하지 않은 것도 아닌데 운이 따라주지 않았는지 결국 그렇게 되어버렸다.

 무언가를 사 주면 공부를 열심히 하겠지 하는 기대는 아무래도 교육에서는 통하지 않는 것 같다. 차라리 '시험 잘 보면 인형 사 줄게', '원하는 대학에 합격하면 원하는 거 사 줄게' 하고 조건을 내거는 편이 더욱 효과적인 것 같다. 엄마, 그동안 죄송합니다.

장난감 박물관

　　장난감 수집가이다보니 가끔 날을 잡고 장난감 박물관이나 인형 박물관을 찾아가서 탐사를 하곤 한다. 그런 곳에 가면 나도 지금보다 더 많이, 열심히 모아야겠다는 자극을 받기도 하고 부러움도 느낀다. 또, 어디에 어떻게 박물관을 짓고 인테리어했는지, 어떤 장난감이 있는지, 얼마나 있는지 파악하고 배우기 위해 전국 박물관을 순회하다 이런 박물관들이 더욱 더 유명해지고 더 많은 관람객들이 오길 바라는 마음에 책도 쓰기도 했다. 책을 만들기 위해 각각의 박물관에 대해 공부하고, 관장님을 인터뷰하고, 여러 번 방문하면서 관장님들과 친해지기도 했는데, 그분들의 이야기를 들어보면 자신의 철학, 취미, 꿈을 형상화한 것이 박물관이고 박물관 자체가 그들의 삶이라는 것을 알 수 있었다. 그래서 장난감과 인형이 가득한 박물관에 들어서면 좋은 기운을 받고 또 응원하고 싶은 마음도 드는 것 같다.

　　나도 빨리 나만의 박물관을 만들고 싶다. 계획은 대략 이렇다. 경기도에 지금의 시골집 같은 집을 빌리거나 매입해서 작은 장난감 박물관으로 조성하고, 한쪽 방은 작업공간이자 출판사 사무실로 쓰고 싶다. 과연 이 꿈이 이뤄지는 날이 언제가 될지. 땅값과 집값이 치솟고 있는 요즘 같은 시대에 집을 구하기 위해서는 지금보다 더 더 더 열심히 일해야겠지….

파주 헤이리마을에 위치한 세계인형박물관.
나에게는 가장 이상적인 박물관이다.

통곡

　시골집이 생길 때까지 내 장난감들은 대부분 거실 한쪽 베란다에 쌓아두고 있었다. 내 방 안에 두기에는 공간을 많이 차지했기 때문이다. 가끔 장난감들을 갖고 놀고 싶어질 때마다 베란다로 향해 박스를 하나씩 내려 장난감을 꺼냈다. 문제는 더 이상 쓰지 않는 오래된 물건들, 다 쓴 공책과 자주 신지 않는 신발 등 버리기에는 아쉽고 자주 꺼낼 일은 없는 그런 잡다한 물건들이 든 박스와, 장난감이 든 박스가 두서없이 쌓여 있다는 것이었다. 박스 표면에다 그 속에 든 물건을 미리 유성펜으로 간단히 표기해 두면 되는데도 매번 귀찮아서 적지 않고 있었다. 그러다 박스를 꺼낼 때마다 안에 뭐가 들었는지 일일이 직접 확인해야 했는데, 이게 여간 귀찮은 게 아니었다. 아무튼 나는 장난감을 꺼내는 일에 힘을 다 빼서 장난감을 갖고 논 후 다시 박스를 정리하는 일을 잘 못했다.

　정확히 언제였는지 모르겠지만 몇 년 전 같다. 내가 본가에서 나와 홍대 부근의 입시학원 근처에서 자취하던 때 아빠가 베란다를 대거 정리한 적이 있다고 했다. 그 사실을 뒤늦게 알게 된 나는 아빠에게 "내 장난감 하나도 안 버렸지?" 하고 묻자, 옆에 있던 엄마가 대신 퉁명스럽게 대답했다.

　"몰라. 그때 네 아빠, 베란다 정리하다가 쓸데없는 물건이 너무 많아서 잠깐 정신이 나갔었어. 그때 이것저것 다 버렸던 거 같은데."

순간 내 귀를 의심했다. 나는 떨리는 목소리로 엄마에게 물었다.
"...내 장난감들은 안 버렸지? 내가 다 얼마나 아끼는지 알지?"
"네가 정말로 장난감을 아끼면 애초에 그렇게 다뤘겠니? 나는 모른다. 네 아빠가 알지."
나는 아빠에게 다시 물었다.
"아빠, 내 장난감 진짜 안 버렸지?"
"응."
아빠의 대답은 뭔가 확신이 들지 않는, 애매하고 찝찝한 느낌을 물씬 풍겼다.

　　그리고 얼마 후, 가지고 놀 장난감을 찾는 겸 장난감들이 잘 있는지 대대적으로 확인해보기로 했다. 그런데 아무리 찾아보아도 엄마가 시험기간에 사주셨던 빨간색의 바비 자동차와 일부 인형 소품, 그리고 돌하우스 하나가 보이지 않았다. 좁은 베란다 안을 샅샅이 뒤져보고 이미 확인했던 박스를 다시 열어 확인해 봐도 그 장난감들은 찾을 수 없었다. 나는 너무 지치고 짜증이 나서 울화가 치미고 눈물이 날 것 같았다. 눈물을 애써 참으며 아빠에게 물었다.
"아빠, 혹시 빨간색 인형 자동차 못 봤어? 노란색 인형 집은? 아무리 찾아도 안 보이는데!"
그러나 아빠가 그런 사소한 것들을 기억할 리 만무했다. 그저 태연히, 잘 모르겠다는 대답만 돌아왔다. 그때 옆에서 들리는 싸늘한 엄마의 목소리.
"그날 다 내다버렸겠지. 그날 네 아빠 제정신 아니어서 네 만화책도 많이 버렸어."
설마. 내 만화책까지 버려진 건가.

"아빠, 내 만화책도 버렸어? 나한테 말도 안하고...?"
"멀쩡한 건 두고 물 젖은 건 거의 버렸을걸."
아빠 대신 냉정하게 대답하는 엄마 옆에서 아빠는 땅만 쳐다보며 내 대답을 회피했다. 사실이구나. 아빠가 정말로 말도 없이 내 물건들을 버렸구나! 나는 그 자리에 서서 "그걸 왜 버려! 왜 말도 없이 버려!" 하고 울부짖었다. 머리가 어질어질했다. 있는 대로 악을 쓰며 울었다.
"...너 그러다 결혼 못한다."
듣고 있던 엄마가 돌덩이를 던지듯 나에게 말했다. 나는 먼지가 묻은 손으로 눈물과 콧물을 닦으며 계속해서 엉엉 울었다. 소중한 물건들을 멋대로 버려놓고 나를 상품 가치가 낮은 인간으로 보는 부모님이 너무나 원망스러웠다. 그래, 결혼 따위 안 할테다. 나는 장난감들이랑 천년만년 행복하게 살 거야!
그리고 그 후로 잃어버린 장난감을 찾는 일은 그만두었다. 내가 없는 사이 버려졌다는데 뭐 어쩌겠는가.

    몇 해가 지나고 시골집이 생기면서 베란다에 있던 장난감들을 대부분 그곳으로 옮기게 되었다. 그리고 장난감 박스들은 아빠가 알아서 정리한 듯 했고, 어딘가에서 잘 쌓여 있겠거니 하고 대수롭지 않게 생각하고 있었다.
    그리고 오랜만에 가족끼리 시골집을 다시 찾았다. 한가로이 마당과 집 주변을 돌아보는데, 여러 개의 장난감 박스가 야외인 집 뒤편에 놓여 있는 것이 보였다. 아니, 이 박스들이 여태 실내가 아닌 야외에 있었다니… 나는 불안한 마음을 안고 벌벌 떨리는 손으로 박스를 열어보았다. 그러자 박스 안의 장난감들이 거미줄과 벌레 사체, 쥐똥과 뒤섞여 있는 경악스러운 광경이 펼쳐졌다. 그 광경을 본 나는 바로 비명을 지르며 통곡했다. 집 안에 있던 엄마가 그 소리를 듣고는 창문을 열고 무슨 일이냐고 다급히 물었다.

"내 장난감이 왜 밖에 있는데! 지금 여기 거미줄이고 쥐똥이고 뭐고 다 있잖아!"

나는 울부짖으며 따졌고 그 소리를 들은 엄마는 옆에 있던 아빠에게 고함쳤다.

"자기 제정신이야? 애 장난감을 왜 바깥에 둬?!"

그런 엄마의 공격에 아빠는 우물쭈물댔고 나는 계속 옆에서 울었다. 그런데 갑자기 엄마가 내 편이 되었다. 결혼 못한다고 모자란 인간 취급할 땐 언제고. 아무튼 아빠는 엄마에게 호되게 꾸중(?)을 들었고 나는 축축한 눈을 한 채로 밖에 있던 장난감들을 하나씩 안으로 옮겼다. 장난감이 더러워진 건 속상했지만, 아빠를 혼내 준 엄마 덕에 조금은 마음이 후련했다.

마대자루

초등학교 3, 4학년 때쯤이었을까. 어느 날 엄마는 나에게 집에 장난감이 너무 많고 내가 정리도 잘 안한다며 다 갖고 논 장난감은 이제 버리자고 제안했다. 사실 제안이 아니라 거의 명령이었다. 아니, 장난감이 무슨 소모품인가? 다 갖고 놀았다고 버리게. 전혀 내키지는 않았지만 엄마의 결심이 너무 굳어보여서 강하게 반박할 수가 없었다. 엄마는 성인 두 명은 들어갈 수 있을 것 같은 커다란 마대자루를 어디서 구해왔는지, 지금부터 그곳에 장난감들을 넣으라고 했다. 나는 울며 겨자먹기로 그나마 조금 덜 아끼는 장난감과 너무 많이 갖고 놀아서 질린 장난감들을 하나씩 마대자루에 넣었다. 너무 속상했지만 내가 직접 버리지 않으면 엄마가 강제로 다 버릴 것 같았다. 다음 세상에서 다시 만나자, 장난감들아. 미안해.

그러나 마대자루는 곧바로 버려지지 않고 며칠이 지나도 현관문 앞에 계속 놓여있었다. 대체 왜 엄마가 곧바로 버리지 않는 걸까? 나는 그 기회를 틈타 며칠간 장난감들을 몰래몰래, 야금야금 빼 와서 집에 도로 가지고 왔다. 결국 마대자루는 다시 비워졌다.

이제 와서 생각해봐도 미스터리다. 엄마는 왜 곧바로 마대자루를 버리지 않았을까? 아니면 훈육의 일환으로 버리는 척을 하며 겁을 준 것이었을까? 하지만 아쉽게도 그 훈육은 전혀 통하지 않았다. 나는 지금도 아주 열심히 장난감을 사들이고 있으니까….

맥도날드의 노예

나는 소문난 맥도날드 덕후다. 지인들과 식사 약속을 잡는 장소로도 곧잘 맥도날드를 언급하기 때문에 "넌 어떻게 맨날 그 소리냐" "네...? 맥도날드요...?" "앞으로 맥도날드 언급 금지" 등 쓴소리도 곧잘 듣는다. 뭐가 어쨌든 나는 맥도날드가 정말 좋다. 가장 큰 이유는 바로 장난감을 주기 때문이다! 달 단위로 새롭게 출시되는 해피밀 장난감을 나는 정말 열심히 수집하고 있다. 주로 애니메이션 캐릭터 장난감이 나오지만 가끔 인형이나 레고, 컵, 키링 등 아이들이 좋아할만한 다양한 굿즈를 달마다 8종씩 새롭게 선보인다. 작은 동화책 시리즈가 나온 적도 있다.

해피밀 장난감은 2016년부터 본격적으로 모으기 시작했다. 그 전까지는 맥도날드에 자주 가긴 했어도 해피밀에는 별로 관심이 없었다. 햄버거도 그다지 좋아하지 않았고 탄산음료는 아예 안 먹기 때문이다. 그러다 우연히 친구와 함께 맥도날드에 들어갔다가 귀여운 해피밀 장난감을 발견하고(일본의 원숭이 캐릭터 인형 브랜드인 몬치치 시리즈였다) 해피밀을 주문해보게 되었는데 5000원~7000원 정도 할 줄 알았던 해피밀이 그 당시 3500원으로 생각보다 꽤 저렴했다(2018년 11월 현재는 200원이 오른 3700원이다). 게다가 햄버거는 불고기버거나 맥너겟으로 바꿀 수 있고, 감자튀김도 있고, 탄산음료도 오렌지주스나 우유로 바꿀 수 있게 되어 있어 선택의 폭이 다양하다는 걸 그제야 깨달았다. 불고기버거, 감자튀김, 오렌지주스, 그리고 장난감이 내가 항상 주문하는 구성이다. 어린이가 먹는 양이다보니 여기서 약간 배가 안 찬다 싶으면 추가로 맥너겟 네 조각이나 딸기 선데 아이스크림을 주문하기도 한다.

장난감은 앞서 언급한 대로 달 단위로 8종씩 출시되는데, 그 8종이 전부 내 맘에 들 경우 주 2회 이상 맥도날드에서 해피밀로 끼니를 해결하며 장난감을 받는다. 총 8종이니까 한 달에 여덟 끼의 해피밀을 먹어야 하는 것이다. 하지만 장난감이 그다지 맘에 들지 않을 경우에는 그 중에서 맘에 드는 것 서너 개 정도만 모은다. 그리고 혹시라도 중복이 생긴 경우에는 친구 생일 선물에 슬쩍 끼워 주거나 벼룩시장에 저렴한 가격으로 내놓기도 한다.

어제도 해피밀을 먹고 장난감을 받았다. 아마 이번 주 안에 또 해피밀을 주문하고 햄버거를 먹겠지. 햄버거를 좋아하진 않았지만 어쩌다보니 이제는 햄버거가 맛있게 느껴진다. 햄버거는 맛있는 음식이라고, 많이 먹고 열심히 장난감을 모으라고 내 스스로를 세뇌시키게 된 것일지도 모르겠다. 그리고 맥도날드는 번화가라면 어디에나 있으니 조금 출출하다 싶으면 바로 찾아서 들어가게 된다. 이 글을 쓰고 있으니 또 해피밀이 먹고 싶다.

정신을 차려 보니 내 배는 커다란 동산처럼 불룩 솟아 있었다. 아니, 아저씨도 아니고 20대 처녀가 복부비만이라니! 그러나 놀랄 것도 없이 뻔하다. 이건 수많은 햄버거와 감자튀김을 먹으면서 내장지방이 차곡차곡 축적된 결과다. 운동도 좋아하지 않는 내가 과연 이 뱃살을 어떻게 빼야 하는 노릇인지. 그렇다고 장난감만 받고 나머지를 쓰레기통에 버릴 수도 없고. 아무래도 나는 절대 해피밀을 끊을 수 없을 것 같다.

그리고 이처럼 내 방에는 해피밀 장난감이 몇 박스나 쌓여 있다. 너무 무식하게 모으기만 해서 감당하기에 벅찰 정도지만, 그중에서도 아끼는 장난감들이 있다. 지금까지 가장 맘에 드는 해피밀 장난감을 고르라면? 본격적으로 해피밀 장난감 수집을 시작하기 훨씬 전에 출시된 '맥마담 시리즈'를 꼽겠다. 맥마담 시리즈는 미국의 앤틱인형인 '마담 알렉산더'를 보급화한 인형으로, 시리즈가 매우 다양하고 기존의 인형보다 2분의 1 정도로 축소되었다. 맥마담은 국내에서 출시된 적은 없지만 지금도 빈티지 소품 관련 온/오프라인 매장에서 쉽게 찾아볼 수 있다.

지금도 열심히 모으고 있지만 빛을 보지 못한 채 산더미처럼 쌓여 있는 해피밀 장난감들. 이 수많은 장난감들을 언제 다 공개할 수 있을까. 이미 수집한 해피밀 장난감만으로도 해피밀 박물관을 차릴 수 있을 것 같은데 말이다.

외박의 대가

2016년 초, 부모님과 크게 다퉜다. 다퉜다기보단 내가 대들었다는 게 맞겠지만. 마찰의 원인은 허락도 받지 않고 친구의 집에서 외박을 했다는 이유였다.

비슷한 취미를 갖고 있는 데다 귀여운 고양이도 기르는 친한 친구의 집에 날을 잡고 놀러갔다. 서울 집과는 거리가 조금 있었기 때문에 하루 자고 올 생각이었다. 엄마에게는 허락을 받은 상태로 간 거라 당연히 괜찮을 줄 알았다. 하지만 아빠는 무조건 여자가 함부로 외박을 하는 일은 절대 안된다고 했다. 아무리 내가 영상통화로 친구와 함께 집에서 놀고 있는 모습을 보여주며 인증을 하고 계속 통화를 해도 아빠는 무조건 오늘 안으로 돌아오라고 했다. 그때 시간 밤 아홉 시 반. 집에 도착하면 밤 열두 시 정도가 되니, 늦은 시간에 집에 돌아가는 게 더 위험할 텐데 말이다. 설상가상으로 엄마도 이제 와서 "아빠 말 들어."라고 한다. 내가 밤새 술집에서 술을 먹고 노는 것도 아니고 어릴 때부터 친하게 지내온 동성 친구 집에서 하룻밤 묵는 것인데 대체 뭐가 그렇게 큰 문제일까? 그런 부모님을 이해할 수 없었던 나는 결국 반대를 무릅쓰고 친구 집에서 하룻밤을 묵고 돌아갔다.

그리고 다음날, 약간은 불안한 마음을 안고 집으로 돌아가 보니 불안한 예감은 틀리지 않았다. 내 방 안에 있는 장난감 장식장이 텅

비어 있던 것이다. 그 광경을 보니 피가 거꾸로 솟는 기분이었다. 장난감들은 집 밖 쓰레기봉투에 처박혀 있었다. 나는 끓어오르는 분노를 애써 참으며 봉투째로 방으로 가져온 뒤 장난감들을 살펴보았다. 인형 목이 부러져 있고, 조립식 장난감들은 산산조각이 나 있었다. 스노우볼이라도 있었으면 큰일 날 뻔 했다. 대부분 다시 조립할 수 있는 것이었지만 아끼는 인형의 목이 부러진 것은 정말 참을 수 없었다. 나는 장난감들을 끌어안고 집이 떠나가라 통곡했고, 듣고 있던 엄마는 "쟤 왜 저래?" 하며 나를 조롱했다. 나는 집 옥상으로 올라가 호흡곤란 상태로 당시 가장 친한 친구에게 전화를 걸었다. 신호음이 끝나고 친구의 목소리가 들리자마자 나는 다시 통곡했다. 다짜고짜 짐승처럼 울부짖는 것을 듣는 친구도 어이가 없었을 것이다. 나는 숨을 고른 뒤 자초지종을 설명했다. 그 당시 미리 예약해 두었던 일본 가족여행을 사흘 앞두고 있었지만 나는 비행기와 호텔을 전부 취소해 버릴 것이라고 말했다. 그 말을 들은 친구는 나를 진정시키며 "네가 정말로 다 취소해 버리면 너는 최악의 딸이 되는 거고 부모님이랑 더더욱 화해하기 힘들어질 거야."라며 나를 타일렀다. 결국 이 상황에서는 어쩔 수 없이 부모님을 거스른 내가 숙이고 들어가는 수밖에 없었다. 그러나 아끼는 장난감들이 엉망이 되어버린 나도 분명 억울한 게 있었다. 나는 여행을 떠날 기분도 아니었고, 이틀간 부모님과 한 집에 살면서도 얼굴도 마주치지 않고 한마디도 하지 않고 있었다. 그런데 출국 전날, 엄마가 먼저 나에게 말했다.
"너 혹시 여행 취소했니?"
"아니."
"그럼 짐 안 챙기고 뭐해?"

그렇게 우리 가족은 짐을 함께 챙기면서 아무 일도 없었다는 듯 평소대로 돌아왔다. 장난감이 버려지고 망가졌다는 상처는 아직 마음 속에 앙금으로 남아있었지만 원인 제공자는 명백히 나였으니 어쩔 수 없었다.

그리고 시간이 지나 부모님은 외박에 대해 관대해졌다. 내가 여러 이유로 밖에서 묵는 일이 많아졌더니 더 이상 외박이 금기시되지 않게 되었다. 그렇다고 사전 알림도 없이, 사진 인증도 없이 외박을 하는 건 안된다.

그러나 시간이 조금 흐른 지금도 여전히 인형의 목은 붙이지 못한 채 상자 속에 봉인해 두었다.

돌발 자문자답 3

Q. 장난감에 생명이 있다고 생각하는가?
A. 없다고 생각한다. 그렇지만 내가 애정을 주면 생겨날 수도 있다고 여긴다.

혼자 잠들기 무서운 밤

친하게 지내던 독자분과 함께 영화 '*유전'을 봤다. 이 영화는 호러 마니아로서 내가 지금껏 봐 온 호러영화 중 가장 무서운 영화 랭킹 1위에 올렸다.

그리고 밤 열한 시가 다 되어 도착한 집에는 아무도 없는 암흑뿐이었다. 아, 맞다…. 부모님은 양평 시골집에, 오빠는 친구와 바다 여행을 갔지. 아무리 호러 마니아라지만 겁이 많은 편이라 집에서 혼자서는 잘 못 잔다. 특히 공포영화를 보고 온 날은 더더욱. 얼마 전 영화 곤지암을 보고 돌아온 날에도 집에는 아무도 없었는데, 흰자가 없는 커다란 귀신의 얼굴이 계속 생각나 혼자서 밤새 뒤척이며 잠을 이루지 못했던 적이 있었다. 그리고 이번에도 역시 혼자 잠들기 힘들 것 같았다. 차라리 이럴 줄 알았다면 친구 집에 가거나 찜질방에라도 가는 건데. 하지만 당장 너무 피곤하니 잠은 자야겠고.

결국 나는 아끼는 인형 유리코를 꼭 안고 잠들기로 했다. 유리코는 검고 긴 머리에 빨간 기모노를 입고 있는 인형이다. 사실 내가 봐도 유리코의 외모는 약간은 기묘하고 오싹한 분위기를 풍긴다. 일본의 어느 중고 장난감 가게에서 유리코를 데려온 후 기묘한 일이 벌어졌고, 유리코를 주제로 그 경험을 기록한 책을 출간하기도 했다. 전부 내가 괜히 겁을 먹고, 쓸데없는 두려움에서 비롯된 것으로 결론. 누군가는 오히려 유리코가 꿈에 나올 것 같아 무섭다고 하지만 나는 유리코를 아끼고 또 믿는다. 내가 예뻐한 인형이 나에게 해코지를 할 리는 없으니까. 오히려 유리코가 다른 존재로부터 나를 지켜줄 것 같았다.

    신기하게도 유리코와 함께 잠을 청하자 쉽게 잠에 들 수 있었고, 그날 밤은 악몽도 꾸지 않고 가위에도 눌리지 않았다. 인형도 나를 지켜줄 수 있다는 걸 알게 된 것이다.

* 유전 : 2018년 개봉. 일가족의 비극을 그린 미국 영화로, 해외판 '곡성'으로 소개되기도 했다. 뻔하지 않은 전개와 괴기스러운 장면으로 관객에게 공포감을 선사한다.

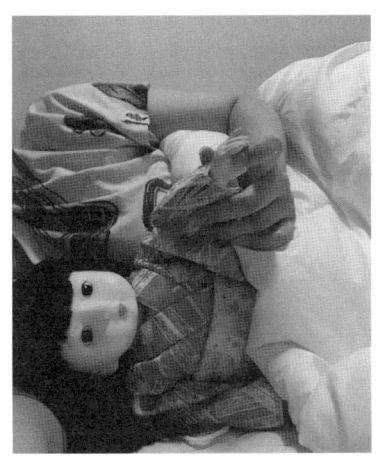

발굴놀이

공룡 발굴놀이 세트를 샀다. 이것은 네모난 석고 덩어리 안에 조각조각 분해된 공룡 뼈가 파묻혀 있고, 그것을 조각칼로 파내면서 발굴 체험을 하는 것이다. 마치 고고학자가 된 기분으로 수억 년 전의 트라이아스기, 쥐라기, 백악기를 거쳐 빙하기에 멸종된 공룡의 흔적을 찾아내는 엄숙한 작업. 실제로 해 본 발굴(놀이) 작업은 역시나 꽤 고됐다. 아무리 조각칼로 파낼 수 있게 되어있다지만 석고 자체가 단단해서 손에 꽤 힘을 주어야 한다. 그렇게 조각칼을 꽉 쥐고 석고를 파내면 '으드득 으드득' 소리가 나며 홈집이 난다. 이때 석고 가루가 날리지 않도록, 그리고 좀 더 잘 분해되도록 물을 뿌려주며 작업하는 것을 권장한다고 발굴놀이 세트의 박스에 표기되어 있다. 계속해서 석고를 파내다보니 작업하던 테이블 위가 석고 가루와 파편으로 더러워진다. 계속 손에 강한 힘을 주고 있다 보니 약간 물집도 잡힌 것 같아 욱신욱신하다. 그래도 공룡 뼈가 석고 덩어리 안에서 조금씩 모습을 드러내고 한 조각씩 완전히 빠져나올 때마다 희열을 느낀다. 이게 바로 이 발굴놀이 체험의 묘미. 그렇게 모든 조각을 파내고 조립하니 공룡의 형태가 완성되었다. 아, 뿌듯해. 이제 발굴 놀이는 이 한번으로 충분하다. 뿌듯하긴 해도 굳이 이런 고된 작업을 다시 할 일은 없겠지.

…라고 생각했다. 그러나 얼마 후 유럽 여행을 다녀온 친구에

게서 또 다른 공룡의 발굴놀이 세트를 선물받았다. 유럽여행까지 가서 나를 떠올리며 이 선물을 골랐을 친구에게 감사하는 마음으로 발굴 작업을 딱 한번만 더 해볼 생각이다. 아, 공룡 이외에도 미니 도자기나 그릇 같은 것을 발굴하는 유물 발굴 세트도 있던데 그것도 해 볼까… 왠지 발굴 작업은 계속될 것 같다.

야광별

　야광별을 좋아한다. 밤하늘에 수놓인 반짝이는 별들을 본떠 만든, 물성을 지닌 플라스틱 조각들. 손에 닿지 않던 별을 직접 만지고 또 벽에 붙이며 우주의 별들이 온전히 내 것이 된 듯한 가벼운 착각을 즐기곤 한다. 잠들기 전에 방 안의 불을 끄고 외부의 빛을 차단하면 야광별들은 형광 물질을 빛내며 시야를 가득 채운다. 형광 노랑, 형광 분홍, 형광 하늘… 어둠에서 오는 두려움을 달래주듯 야광별은 희미하게 알록달록 빛나고 나는 그 광경을 멍하니 바라보며 잠에 든다.

　어릴 때에도 그랬지만 성인이 되어서도 문구점에서 야광별을 사서 천장과 벽에 하나씩 붙이며 내 방을 작은 우주로 만들곤 했다. 정신 사납게 저런 걸 왜 붙이냐는 부모님의 잔소리는 감수해야 했지만. 졸업 작품 전시를 했을 때에도 작품의 배경이자 전시 배치를 구분하는 파티션에도 수많은 야광별을 붙였다. 대체 난 왜 이 야광별이 좋은 걸까? 이에 대한 큰 이유는 없다. 그저 알록달록하고 아기자기해서, 어두운데도 빛이 나는 게 신기해서일 뿐… 아, 그러고 보니 야광별은 어떻게 어둠 속에서도 빛이 나는 걸까? 갑자기 야광별의 원리가 궁금해져서 인터넷을 뒤적거리다보니 알게 된 사실.
- 야광별의 재료는 인광물질이고 여기서 '인'은 '도깨비불 인'이라는 한자다.

- 야광별에 쓰이는 인광 재료는 '황화아연'이다.
- 야광별 물질 안에 있는 전자는 바닥상태(전자가 핵에서 가장 가까운 상태)이며 바닥상태에 있던 전자가 에너지(빛)를 받으면 높은 층의 전자껍질로 튀어오른다. 이때 전자는 들뜬상태다. 들뜬상태에 있던 전자가 바닥상태로 떨어질 때 그 차이만큼의 에너지가 원자 바깥으로 나오는데 그것이 바로 빛이다. 그러므로 어둠 속에 오래 있었던 야광별은 빛나지 않는다.

갑자기 과학지식서적이 된 느낌이다. 이렇듯 과학의 원리가 그대로 스며있는 야광별. 기분 전환을 하고 싶다면 야광별을 사서 어딘가에 붙여보는 것도 나쁘지 않을 것이다. 밋밋했던 방에 생기가 돌 수도, 어린 시절로 돌아간 기분이 들 수도, 우주와 좀 더 가까워진 느낌이 들 수도 있다. 야광별을 사서 하나씩 붙이는 일은 별을 그리워하고 동경하는 아름다운 마음에서 나온 것이므로 결코 유치한 일이 아닌, 귀엽고 재미난 일이다.

내가 죽는다면

가끔 생각에 잠긴다. 내가 숨이 끊어지고 이 세상에서 더 이상 존재할 수 없게 되었을 때, 그때부터 내 장난감들은 어떻게 될까? 아, 물론 죽고 싶은 생각은 전혀 없다. 혹시라도 불의의 사고를 당해 죽는 것도 무섭고, 병에 걸려 죽는 것도 너무 무섭다. 그러기엔 지금 나는 내 인생이 괴로운 순간도 많을지언정 나름 즐겁게 살아가고 있다고 느끼고, 지금까지 모아 온 장난감들도 너무 아깝고 소중하다. 부모님께도 차마 "혹시 내가 죽으면 내 장난감들 어떻게 할 거야?"라고 물어볼 수도 없다. 여쭈는 것 자체로도 불효다. 그런데 만약, 혹시라도 내가 젊은 나이에 부모님보다 일찍 죽게 된다면 부모님들은 내 장난감을 어떻게 하시려나. 아마도 일부는 보관하고 일부는 처분하실 지도 모르겠다. 그 많은 장난감을 내가 없는 상태에서 보관하는 것도 일이기 때문에.

십여 년 전, 평소 흥미롭게 구경하던 어느 인형 블로그의 주인이 지병으로 돌아가셨다는 비보를 접했다. 전혀 몰랐던 사실에 조금 놀랐다. 평소처럼 인형 사진이 있어야 할 게시물에는 주인의 친오빠가 작성한, 고인의 사망을 알리는 글이 있었고 그 아래부터 고인이 생전에 소장하고 있던 유품을 저렴하게 판매한다는 내용이 있었다. 판매할 유품에는 인형, 인형옷, 인형 소품, 인형 관련 서적 몇 권 등 매우 다양했다. 사람들은 조의를 표하는 동시에 원하는 유품을 구입하겠다는 댓글을 달았다. 나도 고인의 유품인 인형 관련 서적을 몇 권 구입했다. 그리고 며칠 후, 고인의 책들이 집으로 도착했다. 그것을 보고 있자니 조금 슬퍼졌다. 이것은 고인이 친오빠와 상의한 부분인지 아닌지는 모르겠으나 생전에 아끼던 인형과 물건들이 타인에 의해 팔린다면… 나라면 많이 슬플 것 같다. 아닌가, 이제는 주인이 없어진 물건들은 새 주인의 품으로 가거나 버려지는 게 맞는 걸까.

만약 내가 수명이 다 해서 죽음을 받아들여야 하는 때가 오면 그때의 나는 겸허히 죽음을 받아들일 수 있을까? 죽음을 앞둔 나는 어떻게 살고 있을까? 어떤 마음일까? 어떤 기분일까? 인형과 장난감은 얼마나 더 모았을까? 아마 그땐 이미 내 이름을 내건 장난감 박물관이 세워져 있을지도 모르겠다. 그게 내가 최종적으로 이루고 싶은 꿈 중 하나니까. 그런데 장난감 박물관은 누가 대를 이어 관리해주려나. 현재로서는 2세 계획은 없다. 그러나 내 장난감들을 대를 이어 물려받을 사람을 구하기 위해 2세는 있어야 하는 걸까 싶기도 하다. 아니 잠깐, 고작 박물관을 물려준다고 계획에도 없는 2세를 둬야 하는 것인가? 아니, 한 명의 인간으로서 이 세상에 후계자를 남겨야 하는 것이 마땅한 숙명인가? 과연 그 후계자가 내 말을 잘 듣고 따라줄까? 그런데 후계자를 남기는 일이 나에게 무슨 의미가 있지?

…아무래도 지금은 모르겠다. 지금 인생이나 열심히 살자.

에필로그

'장난감을 수집하는 삶이 더 행복할까, 수집하지 않는 삶이 더 행복할까?'
현재로서는 이에 대한 나의 답은 다음과 같다.
'마냥 행복하기만 한 것은 아니다. 마냥 음울하기만 한 것도 아니다. 그저 삶을 살아가는 도중, 가끔씩 장난감으로 행복함을 느끼고 있다.'

나는 내가 장난감 수집을 계속하는 이유에 대해서는 '이미 시작한 거, 죽을 때까지 계속해보자'는 끈기의 심리가 작용하고 있다고 생각한다. 오래전부터 시작한 수집을 과연 도중에 멈출 수가 있을까? 중도포기하기엔 여태껏 장난감 수집에 소비한 돈도, 시간도, 에너지도 아까울 것 같다. 장난감 수집가가 아닌 나는 내가 아니다. 당장 내일 내 수명이 다 한다는 걸 알게 되더라도 나는 장난감을 계속 수집할 것이다. 이건 어쩔 수 없는 내 운명인 것 같다.

또한, 나는 장난감 하나하나에 내 인생을 기록하고 있다고 생각한다. 나도 잘 기억하지 못하는 추억을 장난감이 대신 간직해 주는 매개체가 되어 준다고 여긴다. 장난감들을 가지고 놀거나 정리하는 도중 과거에 그 장난감을 구입했던 시기의 내 모습, 얽인 인연, 경험 등이 새록새록 떠오르기도 한다. 그럴 때마다 나는 그 장난감을 가만히 바라보며 상념에 젖곤 한다.

나에게 있어 장난감이란 삶을 살아가는 데 있어 기쁨과 쾌락을 주는 것이고 이미 삶의 커다란 일부가 되었으므로 앞으로도 멈추지 않고 꾸준이 수집하며 이 수집가의 운명에 순응하려 한다.

그리고 생물학적 어른들이 꼭 점잖고 어른다워야 한다는 편견은 이제 버려졌으면 한다. 어른들도 만화영화를 보며 눈물을 흘릴 수 있고, 어른들도 산타할아버지로부터 크리스마스 선물을 받고 싶고, 어른들도 생일 선물로 장난감을 받고 싶을 수 있다. 이처럼 어린 시절의 마음을 그대로 간직하며 살아가는 어른들도 있다. 이 글이 나와 비슷한 감수성을 가진 장난감 수집가나 키덜트족의 공감을 이끌어낼 수 있었다면 좋겠다.

이 마무리 글을 쓰는 2018년 12월 현재, 나를 포함한 다섯 명의 인형작가와 장난감 수집가가 모여 내년 5월 개관을 목표로 평창에서 인형박물관을 준비중이다. 내 장난감들이 비좁고 어두컴컴한 상자속에서 나와 빛을 발할 수 있기를 기대하고 있다.

이 책이 세상에 나올 수 있도록 도와주시고 기다려주신 후원자분들께 감사드리며, 이 책을 선택해 주신 독자분들께도 감사를 드린다.

「이 도서의 국립중앙도서관 출판예정도서목록(CIP)은
서지정보유통지원시스템 홈페이지(http://seoji.nl.go.kr)와
국가자료공동목록시스템(http://www.nl.go.kr/kolisnet)에서 이용하실 수 있습니다.
(CIP제어번호: CIP2018037006)」

장난감 수집가의 음울한 삶

ⓒ 이스안, 2018

초판 발행 / 2019.1.1

펴낸곳 / 토이필북스
지은이 / 이스안
등록 / 2017-000016
팩스 / 02-6442-1994
메일 / toyphilbooks@naver.com

www.toyphilbooks.com
토이필북스는 키덜트 문화를 선두하고,
공유하는 출판 브랜드입니다.

이 책의 저작권은 저자와 토이필북스에 있으며
이 책에 실린 사진과 글의 무단 전재 및 복제를 금합니다.
잘못된 책은 바꾸어 드립니다.

ISBN 979-11-960284-6-6

이 책이 세상에 나올 수 있도록 도와주신 분들

Jihoon Kim
해윰
한불사랑
김호
은샘
김코딩왕자
정편집자
쟈
김윤주
pppppong
익명
푸르미
빛나
이호선
Eloise Kim
오태정
딸기꽹이
유지인
메르헨
돼지
장유리나
양승욱
Hojung Choi
태천
윤지인
김지현
은오